AF596928

LE THÉÂTRE COMIQUE EN FRANCE AVANT LE XVe SIÈCLE

(Essai bibliographique)

Nouvelle édition, revue et corrigée

(1re éd., 1926)

DU MÊME AUTEUR :

1911. *La Tragédie française au XVIe siècle. « Les Juifves ».*
1912. *Les Comédies politiques d'Eugène Scribe.*
— *Gustave Flaubert.* (2e éd., 1929)
— *Guy de Maupassant.* (2e éd., 1924)
1920. *Les Caractères de femmes dans « Jules César » de Shakespeare.* (2e éd., 1929)
— *Le « Jephtes » de George Buchanan.*
— *Nicolas Barthélemy, de Loches.*
1927. *Les Origines latines du théâtre comique en France.* (2e éd., 1929)

JOACHIM ROLLAND

LE THÉÂTRE COMIQUE EN FRANCE AVANT LE XVe SIÈCLE

(Essai bibliographique)

PARIS
Editions de la "REVUE DES ETUDES LITTÉRAIRES"

—

1930

Il a été tiré de cette nouvelle édition :
5 exemplaires sur Hollande van Gelder
numérotés a la presse de I a V
et hors commerce.

CHAPITRE I

LES JONGLEURS

§ I

Les Jongleurs continuateurs des histrions romains.

§ II

Le *DIT DE MARCOL ET DE SALOMON.*

§ III

Productions dramatiques des jongleurs au XIIIe siècle.

COURTOIS D'ARRAS *La CHÂTELAINE DE SAINT-GILLES* *Le PRIVILÈGE AUX BRETONS* *La PAIX AUX ANGLAIS* *Les DEUX BOURDEURS RIBAUDS* *RENARD ET PEAU-D'OIE*	Mimes littéraires

§ IV

Le *DIT DE L'HERBERIE* La *DISPUTE DE CHARLOT ET DU BARBIER* La *DISPUTE DU CROISÉ ET DU NON-CROISÉ*	de RUTEBEUF

§ V

[*L'HOMME QUI SAIT TOUT FAIRE*]	de RAYMOND D'AVIGNON

§ 1

Les jongleurs continuateurs des histrions romains.

Istriones sunt ioculatores.

(Paris. Bibliothèque Nationale, MSS., fonds latin n° 4883 A, fol. 67 r° *b*., xi° s. Parch., 128 ff., 338 sur 255 mm.)

Bibliographie.

Allen (Philip Schuyler). *The mediaeval Mimus*, dans *Modern Philology* (1), t. VII (1909-1910), pp. 329-344, et t. VIII (1910-1911), pp. 1-44. [Selon Allen, il n'y a pas de continuité du mime latin (représentation dramatique et acteur) au ménestrel du moyen âge.]

Anglade (Jos.). *Les Troubadours. Leurs vies, leurs œuvres, leur influence.* — Paris, A. Colin. 1908. In-12, pp. 44-49 : *Jongleurs et troubadours.*

Aubry (Pierre). *Trouvères et troubadours.* — Paris, Félix Alcan, 1909. In-8°, pp. 157-174: *les Jongleurs.* (Collection « *Les Maîtres de la Musique* », publiée sous la direction de Jean Chantavoine.)

Bédier (Joseph).

1°) *Fabliaux...*, pp. 399-409 et 417-418.

2°) dans l'*Hist. lang. et litt. franç.* de Petit de Julleville, t. II, pp. 97-103 : *Les Jongleurs auteurs de fabliaux.*

Berger. *Framställning af det franska Medeltidsdramats Utvecklingsgång från äldsta tider till år* 1402, pp. 69-70.

Bernatzky (Franz). *Über die Entwicklung der typischen Motive in den mhd. Spielmannsdichtungen, besonders in*

(1) A *Quarterly Journal* devoted to research in Modern Languages and Literatures. — Chicago, The University of Chicago Press; Leipzig, Otto Harrassowitz ; London, Luzac and C°. In-8°.

den Wolfdietrichen (1). — Greifswald. F. W. Kunike. 1909. Gr. in-8°.

BOILEAU (Étienne). *Le Livre des métiers* (XIIIe siècle). publié par :

1°) G. B. DEPPING. — Paris. impr. de Crapelet. 1837. In-4°. Introd., p. LXXIX. et p. 287 (*del paage de Petit-Pont*).

2°) René de LESPINASSE et François BONNARDOT. — Paris. Impr. nationale. 1879. Gr. in-4°. p. 236. § XLIV.

CALMETTE (J.). *La Société féodale.* — Paris. Armand Colin. 1923. In-16.

CHAMBERS (Edmund Kerchever). *The Mediaeval stage.* — Oxford. Frowde. 1903. 2 vol. in-8°. Tome I. pp. 23 et suiv.

CHÉRUEL (Adolphe). *Dictionnaire historique des institutions, mœurs et coutumes de la France,...* — 2e éd., Paris. Hachette. 1865. 2 vol. in-16. Tome II. p. 625 (art. *Jongleurs*).
(1re éd. — ibid., 1855. 2 vol. in-18.)

CLÉDAT (Léon).

1°) *Poés. lyr. et satir.*, introd., pp. 7-14 : *Trouvères. troubadours et jongleurs.*

2°) *Rutebeuf.* pp. 17-20.

COUSSEMAKER. *L'Art harmonique XII-XIIIe s.*, pp. 206-207 et 216. — 3e partie. *Monuments.* Nos XXXVIII-XLI. pp. LXXVIII-LXXXIII. et nos 38-41. pp. 93-100.

CRAPELET. *Riote de jugleor.* pp. 31-34 de *Proverbes et dictons populaires...*

CREIZENACH. *Gesch. neu. Dram.*, t. I. pp. 379 et suiv.

DAUNOU. *Discours sur l'état des lettres en France au XIIIe s.*, pp. 414-418. et dans l'*Hist. litt. France*, t. XVI. pp. 243-245.

DES GRANGES. *De scenico soliloquio...*, pp. 43-50 : *de popularibus ludis et facetiis.*

DIEZ (Friedrich). *Die Poesie der Troubadours.* — Leipzig. J. A. Barth, 1826. In-8°, pp. 30-34 et 40-46. (Études traduites de l'allemand et annotées par le baron Ferdinand

(1) [*Le développement des motifs typiques dans les poésies des jongleurs.*]

de ROISIN : *La Poésie des troubadours.* — Paris. Jules Labitte, 1845. In-8°, pp. 27-31 et 39-44.)

DU CANGE. *Gloss. med. et inf. latin.*, aux mots « *jocularis* » et « *joculator* ».

1°) Edition Didot (1840-1850) : t. III, p. 896, col. 1 et 2.

2°) Edition Favre (1883-1887) : t. IV, p. 422, col. 1 et 2.

DUCLOS (Charles Pinot). *Mémoire sur les jeux scéniques des Romains, et sur ceux qui ont précédé en France la naissance du poëme dramatique*, t. I, pp. 357 et suiv. des *Œuvres complètes de Duclos....* recueillies pour la première fois, revues et corrigées sur les manuscrits de l'auteur, précédées d'une notice historique et littéraire [par L. S. AUGER.]... — Paris, Colmet, 1806, 10 vol. in-8°.

DU MÉRIL. *Orig. lat. théât. mod.*, pp. 22-31.

DUVAL (Amaury), dans l'*Hist. litt. France.*

1°) tome XVI, pp. 272-273 (*Discours sur l'état des beaux-arts en France au XIIIe s.*).

2°) tome XVIII, pp. 699-701 (art. *Trouvères*) et pp. 770-771 (art. *Gibert de Montreuil*).

EMERIC-DAVID, dans l'*Hist. litt. France*, t. XX, pp. 524-525 (art. *Giraud de Cabrière*).

FARAL. *Les Jongleurs en France au moyen âge.*

Particulièrement, pp. 10-16 et 18-21 : *les Mimes latins en France;* pp. 226-230 : *les Jongleurs et le théâtre comique — la tradition mimique;* pp. 231-252 : *les Jongleurs, le mime et le théâtre régulier.*

FÉTIS (François-Joseph). *Histoire générale de la musique, depuis les temps les plus anciens jusqu'à nos jours.* — Paris, Firmin-Didot, 1869-1876, 5 vol. in-8°. T. V, pp. 7-25.

FLEURY (Edouard-Husson).

1°) *Origines et développements de l'art théâtral dans la province ecclésiastique de Reims.* — Laon, impr. de A. Cortilliot, 1881. In-8°, pp. 23, 26, 43, 52-53, 112 et 139.

2°) *Trompettes-Jongleurs et Singes de Chauny.* — Saint-Quentin, librairie du « *Vermandois* », 1875. In-8°.

FOURNEL. *Tableau du vieux Paris... Spectacles populaires...*, pp. 117-173 : *Jongleurs, Trouvères et ménestrels populaires.*

FREYMOND (Emile). *Jongleurs und Menestrels.* — Halle a S., E. Karras, 1883. In-8°.

GAUTIER (Léon).

1°) *La Chevalerie.* — Nouvelle édition. Paris, Sanard et Derangeon. 1895. In-4°, pp. 21 (note 1), 85. 249. 310-311, 318. 336-337. 339, 420-421, 435-439, 526 (note 1). 554-555 (§ 7° de la note 1, p. 554), 565-566. 647-648, 655-668 et 689.

2°) *Les Epopées françaises. Etude sur les origines et l'histoire de la littérature nationale.* — 2e éd.. Paris. V. Palmé (-H. Welter). 1878-1892, 4 vol. in-8°. Tome II. pp. 3-271 : *les Jongleurs.*

(1re éd. — Paris. V. Palmé. 1865-1868, 3 vol. in-8°.)

GOSSELIN (Edouard). *Recherches sur les origines et l'histoire du théâtre à Rouen avant Pierre Corneille...* — Rouen, impr. de E. Cagniard, 1868. Gr. in-8°, pp. 3-12. (Extrait de la *Revue de la Normandie.* Années 1867-1868.)

GRÖBER. *Grundriss roman. Philol.*, t. II, 1re partie, B, pp. 445. 456, 461. 480 et 489.

HAWKINS (Frederick). *Annals of the French stage, from its origin to the death of Racine.* — London, Chapman and Hall. 1884. 2 vol. in-8°. T. I. pp. 1-11.

HERTZ (Wilhelm). *Spielmannsbuch. Novellen in Versen aus dem zwölften und dreizehnten Jahrh.* (1). übertragen von Wilhelm Hertz. — 3e éd.. Stuttgart und Berlin. J. G. Cotta, 1905. In-16.

Einleitung, pp. 1-70 [*Die Spielleute*, pp. 1-44: *die ältesten französischen Novellen*, pp. 44-59: *die bretonischen Feen*, pp. 59-70].

(Cf. E. WECHSSLER, dans *Literaturblatt für germanische und romanische Philologie* (2), octobre 1901. t. XXII, col. 332-333.)

Historial (L') du Jongleur. Chroniques et Légendes françaises, publiées par Ferdinand LANGLÉ et Emile MORICE. — Paris. Firmin-Didot. 1829. In-8°.

[*Le Droit de Nopçage, le Jugement de Dieu, la Cour de Jussienne, le Vœu du Faisan.*]

(1) [*Le Livre des jongleurs. Nouvelles en vers des XIIe et XIIIe siècles*, traduites par W. H.]

(2) Herausgegeben von Dr Otto BEHAGHEL und Dr Fritz NEUMANN. — Leipzig, O. R. Reisland. In-4°.

JACOBSEN. *Com. France m. â.*, dans la *Rev. philol. franç. et litt.*, t. XXIII, pp. 96-106, ch. IV : *Les Jongleurs et le théâtre populaire. Origines du monologue dramatique.*

Journ. gén. Instr. publ., 12 nov. 1835, p. 30, col. 2 ; 13 déc. 1835, p. 100, col. 2 ; 3 janv. 1836, p. 151, col. 1 et 2 (art. *bals* et *repas*) — [Compte-rendu du cours de Charles MAGNIN.]

JUBINAL. *Jongleurs et trouvères*, pp. 7-14.

JUSSERAND (J. J.). *La vie nomade et les routes d'Angleterre au moyen âge (XIVe siècle)*. — 2e partie : *La vie nomade*, dans la *Revue historique*, 1er septembre 1882, t. XX, pp. 1-72 (voir particulièrement : § I, pp. 1-17 « *Musiciens, bouffons et chanteurs ambulants* » et la *Conclusion*, pp. 70-72).

KLEIN. *Gesch. Dram.*, t. III, p. 635 : *Joculatores, die Nachfolger der römischen Mimen.*

LACROIX (Paul).

1°) *Mœurs, usages et costumes au moyen âge et à l'époque de la Renaissance.* — 2e éd., Paris, Firmin-Didot, 1872. In-4°, pp. 240-248.

2°) *Sciences et lettres au moyen âge et à l'époque de la Renaissance.* — Paris, Firmin-Didot, 1877. In-4°, pp. 536 et 557-558.

LAMARE (Nicolas de). *Traité de la Police, où l'on trouvera l'histoire de son établissement, les fonctions et prérogatives de ses magistrats, toutes les loix et tous les règlemens qui la concernent...* [Tomes I-III, par N. de LAMARE ; t. IV, par LE CLER DU BRILLET.] — Paris, J. et P. Cot (J.-F. Hérissant), 1705-1738, 4 vol. in-fol°, fig. gr. Tome I (livre III, titre II), pp. 433-445 : « *Des spectacles* », particulièrement le chapitre II (pp. 435-436) : « *De l'origine des histrions, des troubadours, des jongleurs, et des autres petits spectacles qui ont précédé en France l'établissement des grandes pièces de théâtre, et des reglemens qui les ont disciplinez.* »

LANGLOIS (Ch.-V.). *La Vie en France au moyen âge, de la fin du XIIe au milieu du XIVe siècle.* — Paris, Hachette, 1924-1926, 3 vol. in-8°.

Tome I. *D'après des romans mondains du temps.* — Tome

II. *D'après des moralistes du temps.* — Tome III. *La connaissance de la nature et du monde.* (Très importante bibliographie, pp. 369-385 du tome I.)

LA RUE. *Ess. hist. sur les Bardes...*, t. I, pp. 103-283 : *les Jongleurs* (spécialement pp. 159-161, 185-187 et 188-189). Suivi du *Fabliau du Jongleur d'Ely et de Monseigneur le roy d'Angleterre*, pp. 285-298.

LAVOIX (Henry), fils. *La Musique française*, p. 52 (*jongleresses*).

LE CLERC (Victor).

1°) *Trouvères. Fabliaux*, dans l'*Hist. litt. France*, t. XXIII, pp. 88-102.

2°) *Discours sur l'état des lettres en France au XIV*e *s.*, dans l'*Hist. litt. France*, t. XXIV, pp. 129-130.

LECOY DE LA MARCHE (A.). *Jongleurs et jongleresses*, dans la *Nouvelle Revue*, 15 juillet 1893, tome 83, pp. 373-385.

LENIENT. *La Satire...*, pp. 25-29 et 88-91.

LOUANDRE (Charles). *Les Arts somptuaires. Histoire de l'ameublement et du costume...* — Paris, Hangard-Maugé, 1857-1858, 4 vol. in-4° (2 vol. de texte, 2 vol. de planches). Texte, t. II, pp. 143-144.

LUCE (Siméon). *Les clercs vagabonds à Paris et dans l'Ile-de-France, sous Louis XI.* — Nogent-le-Rotrou, imprimerie Gouverneur, G. Daupeley, 1879. In-8°.

LUCHAIRE (Achille). *La Société française au temps de Philippe-Auguste.* — Paris, Hachette, 1909. In-8°. (Publié par Louis HALPHEN.)

MALLORTIE (de), dans les *Mémoires de l'Académie des sciences, lettres et arts d'Arras*, 1891, 2e série, t. XXII, pp. 307-310.

MATTHEWS (Brander). *The Mediaeval Drama*, dans *Modern Philology*, t. I (1903-1904), pp. 71-94 [1-2].

MENDEL (Hermann). *Musik. Convers.-Lex.*, t. V, pp. 476-477.

MÉRAY. *La Vie au temps des Trouvères...*, pp. 154-174.

MONCHEBERG (Adolf). *Die Stellung der Spielleute im Mittelalter.* Chap. I : *Spielleute und Kirche im Mittelalter* [1]. — Berlin und Leipzig, Dr. Walther Rothschild, 1910. In-8°.

MONTEIL. *Hist. des Français...* 3e éd., t. I (XIVe s.), épître

(1) [*La condition des jongleurs au moyen âge. Les Jongleurs et l'Eglise...*]

LVI. pp. 189-195 : *le Théâtre* (voir pp. 192, 193, 194), et notes pp. 505-507.

MORTENSEN. *Medeltidsdramat i Frankrike*, trad. E. PHILIPOT, pp. 199-200.

MURATORI (Lud. Ant.). *Antiquitates italicæ medii ævi, sive Dissertationes de moribus, ritibus, religione, regimine, magistratibus, legibus, studiis literarum, artibus, lingua, militia, nummis, principibus, libertate, servitute, fœderibus aliisque faciem et mores Italici populi referentibus post declinationem Rom. Imp. ad annum usque MD.* Omnia illustrantur et confirmantur ingenti copia diplomatum et chartarum veterum, nunc primum ex Archivis Italiæ depromptarum, additis etiam nummis, chronicis, aliisque monumentis nunquam antea editis. Auctore Ludovico Antonio MURATORIO... Palatinis mediol. sociis editionem curantibus. — Mediolani, ex typ. Societatis Palatinæ, 1738-1742, 6 vol. in-fol°.

Tome II, col. 831-862 : *De spectaculis et ludis publicis medii ævi* (voir particulièrement col. 840 A-849 C).

NYROP (Kristoffer). *Den oldfranske Heltedigtning* (1). — Köbenhavn, C. A. Reitzel, 1883. In-8°, pp. 287-311 : *Trouvèrer og Jongleurer* (notamment pp. 292 et suiv.).

PARFAICT. *Hist. Théâtre franç.*, tome I, pp. 1-12.

PARIS (Gaston). *Litt. franç. moy. âge*, 6e éd. (1923), §§ 109-110, pp. 174-177, et § 20, pp. 38-40.

PARIS (Louis). *Le Théâtre à Reims...*, pp. 59-64.

PARIS (Paulin), dans l'*Hist. litt. France* :

1°) tome XX, pp. 721-723 (art. *Rutebeuf*).

2°) tome XXII, pp. 260-263 et 472 (art. *Trouvères. — Chansons de geste*).

3°) t. XXIII, pp. 551-553 et 592 (*Trouvères. Chansonniers*).

PETIT DE JULLEVILLE (Louis).

1°) *Les Comédiens...*, introd. pp. 2-4 et 7; pp. 15-28 : *les Jongleurs.*

2°) dans l'*Hist. lang. et litt. franç.*, t. II, pp. 423 et 437-438 (art. *Acteurs comiques au moyen âge*).

3°) *Le Théâtre en France*, pp. 2-3.

(1) [*Histoire de l'épopée française au moyen âge.*]

PRÖLLS. *Gesch. neu. Dram.*, t. I, 1re partie, pp. 77 et suiv.

RENAN (Ernest). *Discours sur l'état des beaux-arts en France au XIVe s.*, dans l'*Hist. litt. France*, t. XXIV, pp. 747 et suiv. (art. *Musique*).

ROQUEFORT-FLAMÉRICOURT. *De l'état poés. franç. XIIe-XIIIe s.*, pp. 81-93 et 258.

ROWBOTHOM (John Frederick). *The Troubadours and courts of love.* — London. Swan Sonnenschein (New-York : Macmillan). 1895. In-12, pp. 152 et suiv., 185-188, 189-190 et 290-293.

SALISBURY (Jean de). *Polycraticus sive de nugis curialium...*, lib. I, cap. VIII : *de histrionibus et mimis et praestigiatoribus*, col. 405-406 de JOANNIS SARESBERIENSIS *Opera omnia*, dans *Patrol. curs. compl.* — Patres latini, t. 199. — Paris. Migne, 1855. Gr. in-8°.

SCHLETTERER (H. M.). *Geschichte der Spielmannszunft in Frankreich und der Pariser Geigerkönige* (1). — Berlin, R. Damköhler, 1884. In-8°, pp. 11-16.
(*Studien zur Geschichte der französischen Musik.* II.)

SCHULTZ (Alwin). *Das höfische Leben zur Zeit der Minnesinger* (2). — Leipzig, S. Hirzel, 1889, 2 vol. gr. in-8°. Tome I, particulièrement pp. 568 suiv. et p. 631.

SEPET. *Orig. cathol. théât. mod.*, pp. 418-420, 424-425 et 439.

SPRINGER (Anton). *Paris im dreizehnten Jahrhunderte* (3). — Leipzig, S. Hirzel, 1856. In-12.

STRUTT (Joseph). *The Sports and pastimes of the people of England,... from the earliest period to the present time.* Edited by William HONE. — London, Chatto and Windus, 1876. In-4°, pp. 232-234, 250-279 (*Minstrels*), 280 et suiv. (*Jugglers*).

SUCHIER et BIRCH-HIRSCHFELD. *Gesch. franz. Lit.*, pp. 19 et suiv.

TOBLER (Alfred). *Spielmannsleben im alten Frankreich* (4).

(1) [*La Corporation des ménétriers en France et le roi des joueurs de viole de Paris.*]

(2) [*La Vie de cour au temps des « Minnesinger ».*]

(3) [*Paris au XIIIe siècle.*]

(4) [*La Vie des jongleurs dans l'ancienne France.*]

dans *Im neuen Reich* (1), 1875, tome I, n° 9, pp. 321-341.

WEISS (Hermann). *Kostümkunde. Geschichte der Tracht und des Geräths.* Tome II : *Mittelalter, vom 4. bis zum 14. Jahrhundert* (2). — 2e éd., Stuttgart, Ebner und Seubert, 1883. In-8°, pp. 354-355 et 572-586.

WITTHOEFT (Friedrich). « *Sirventes joglarese* ». *Ein Blick auf das altfranzösische Spielmannsleben* (3). — Marburg, N.-G. Elwert, 1891. In-8°.

(*Ausg. u. Abhandl. aus d. Gebiete roman. Philol.*, fasc. 88.)

ZAPPERT (Georg). *Über das Fragment einer Liber dativus*, dans *Sitzungsberichte der kaiserlichen Akademie der Wissenschaften* (4) (Philos.-hist. Classe), 12 juillet 1854, t. XIII, pp. 150-161 : *Joculatoren.*

Iconographie.

Manuscrits.

PARIS.

I. Bibliothèque de l'Arsenal.

1°) n° 601 (anc. 139 *B. T. L.*). Bréviaire de René II de Lorraine, dit *Bréviaire du roi René.*

XVe s. Parch., 422 ff., 267 sur 180 mm.

Plusieurs miniatures. Fol. 1 v°, nombreux personnages, hommes et femmes, les uns écrivant, les autres jouant d'instruments divers; ff. 14 r°, 20 v°; fol. 44 r° : joueurs d'instruments.

2°) n° 664 (anc. 25 B. L.). Comédies de Térence. « *Terentius manuscriptus cum figuris* » (fol. A v°).

XIVe au XVe s. Parch., 237 ff. + le fol. A, 337 sur 240 mm. Très beau ms., des mieux conservés.

Au fol. 1 v°, remarquable miniature représentant des épisodes de la vie de Térence et, en haut, un théâtre à

(1) Wochenschrift für das Leben des deutschen Volkes in Staat, Wissenschaft und Kunst. — Leipzig, Hirzel. In-8°. (Sous la direction d'Alfred DOVE, puis de Konrad REICHARD.)

(2) [*Histoire du costume et du mobilier. — II. Moyen âge, du IVe au XIVe s.*]

(3) [*Coup d'œil sur la vie des anciens jongleurs français.*]

(4) Wien, aus der K. K. Hof- und Staatsdruckerei. In-8°.

Rome, une séance de lecture du poète comique. Le lecteur, Calliopius, est au fond d'une petite loge (*scena*), tenant un livre ouvert. A sa droite, deux joueurs de flûte; devant lui, des jongleurs (*joculatores*) masqués, qui semblent n'avoir à faire que des gestes.

3°) n° 3143 (anc. 181 B. F). « *Li romans des Loherans* ». XIIIe au XIVe s. Parch., 188 ff. — le fol. A, sur 3 col., 335 sur 250 mm. Fol. 1 r°, miniature.

II. Bibliothèque Nationale.

1°) Fonds latin, n° 1118 (St. Martial de Limoges, n° 94). — (Tropaire accompagné d'un Tonaire, d'un Séquentiaire et d'un Prosier.)

Miniatures barbares dans le *Tonaire* (ff. 104-114), mais très intéressantes pour l'histoire de la musique instrumentale.

Fol. 104 r° : David avec une vielle; fol. 105 v° : flûte; 106 v° : flûte de Pan; 107 v° : autre flûte, jongleur jonglant; 109 r° : jongleur dansant; 110 r° : décacorde; 111 r° : olifant et psalterion; 112 v° : un jongleur flûtiste (flûte double) et un jongleur jonglant; 114 r° : une jongleresse dansant.

Manuscrit de la fin du XIe s. Parch., 249 ff., 247 sur 150 mm.

2°) Fonds latin, n° 9449 (anc. Supplt latin, n° 1704). — (Tropaire, Prosier, Graduel de Nevers). Fol. 34 v° : jongleurs musiciens.

Second tiers du XIe s. (vers 1060). Parch., 100 ff., 272 sur 136 mm.

3°) Fac-similés in-fol°, nos 271-272.

[*Minnesänger Manessische Sammlung* (reproduction en phototypie du ms. 32 du fonds allemand de la Bibliothèque Nationale de Paris, aujourd'hui à la bibliothèque de l'Université de Heidelberg).].

(S. l.) 1888. 2 vol. in-fol° de 428 ff. Tome I, fol. 146 r° : jongleur jouant de la vielle.

Voir aussi l'ouvrage de SUCHIER et BIRCH-HIRSCHFELD : *Gesch. franz. Lit.* Entre les pp. 18 et 19, il y a une planche très intéressante, reproduisant diverses miniatures.

§ II

Le *DIT DE MARCOL ET DE SALOMON.*

XIIe siècle. (Voir GUILLAUME DE TYR[1]. *Belli sacri Historia*, liv. XIII, ch. I, pp. 287-288.)

« Scène bouffonne empruntée à l'Orient. Recueil de proverbes, mais sous la forme d'un dialogue entre *Salomon* et *Marcoul*; ramas confus de dictons en général satiriques et surtout grossiers. »

(Paulin PARIS, dans l'*Hist. litt. France*, t. XXIII, p. 688.)

Attribué à tort au comte de Bretagne (Pierre Mauclerc), à qui il n'est que dédié. En réalité, auteur inconnu, un clerc presque sûrement.

Les rédactions des divers manuscrits sont bien différentes; la plus ancienne comprend 160 strophes de 4, 3 et 2 vers, et remonte à la fin du XIIe siècle.

(1) Guillaume, archevêque de Tyr. Né vers 1131; mort vers 1190. Auteur de *Belli sacri Historia, libris XXIII comprehensa, de Hierosolyma ac terra promissionis adeoque universa penè Syria, per Occidentales principes Christianos recuperata : narrationis serie usque ad regnum Balduini quarti, per annos LXXXIIII continuata*. Opus... Philiberti POYSSENOTI opera in lucem editum, GULIELMO TYRIO,... autore. — 1re édition. Basileae, per N. Brylingerum et J. Oporinum, 1549-1560, 2 parties en 1 vol. in-fol°.

Guillaume de Tyr n'eut pas le temps de finir le 23e livre, lequel fut achevé dans la suite par Jean HEROLD qui y a joint six autres livres. Cette seconde partie a pour titre particulier : *De bello sacro continuatae historiae libri VI*.

Manuscrits.

BERNE. Bibliotheca Bongarsiana, nº 354, ff. 36-38.

« de Marco et de salemon. »

XIVe s. Parch., 274 ff., 240 sur 165 mm.

(Voir : 1º HAGEN, *Catal. cod. Bern.*, pp. 338 et 339. — 2º JUBINAL, *Lettre au directeur de « l'Artiste »*..., 1838, p. 36.)

EPINAL. Bibliothèque Municipale, nº 59, ff. 38-40 vº (116 vers).

« C'est la disputacion de Salomon et de Marcou. »

XVe s. Papier, 162 ff., 215 sur 144 mm.

(Voir : *Catal. gén. Mss. Bibl. publ. Départ.*, série in-4º, t. III, p. 422.)

PARIS.

I°. Bibl. Nationale, fonds français.

1º) nº 837 (anc. 7218). (Recueil de fabliaux, dits, contes en vers).

Ff. 161 vº *a*. — 163 rº *a* : *Explicit marcoul et salemon...*

Fin du XIIIe s. Vélin, 362 ff. à 2 col., plus 1 feuillet préliminaire, non chiffré, sur lequel on lit, au verso : *« Cóptes Joyeux en rithme »* et *« Ce liure a este compose depuys le uina[n]t de Charlemagne »*. Initiales ornées, 315 sur 210 mm. Reliure maroquin rouge, aux armes de France sur les plats et à la fleur de lys sur le dos. A l'intérieur de cette reliure et à la fin, fragment d'une charte latine de l'année 1393.

(Voir : Paulin PARIS, *Mss. franç. Bibl. Roi*, t. VI, pp. 404-416.)

2º) nº 19152 (ayant appartenu à Pierre Séguier-Coislin. — Ancien Saint-Germain français 1239 et Bibliothèque Royale nº 1830). (Recueil de fabliaux, de contes, de fables, de proverbes, de romans: *Partenopeus* de Blois, etc..., etc...)

Ff. 116 rº *a*. — 117 rº *c*. Au début: « *Ci coumence de Marcoul et de Salemon q[u]e li q[ue]ns de bretagne fist.* »

XIIIe s. Parch., 205 ff. à 3 col., plus les ff. A et B préliminaires (papier), 338 sur 220 mm. Le feuillet 1 est mutilé.

(Voir : 1° G. A. CRAPELET. *Des ouvrages inédits de la littérature françoise du moyen âge, suivi de la Description de trois manuscrits de « Partonopeus »*. (Paris,) impr. de Crapelet, 1834. In-8°, pp. 27-38. — 2° Henri OMONT. *Catal. gén. Mss. franç. Bibl. Nat. - Ancien Saint-Germain français*, tome III (n°s 18677-20064 du fonds français), par Lucien AUVRAY et H. OMONT. Paris, Ernest Leroux, 1900. In-8°, pp. 247-251.)

3°) n° 25545 (anc. Notre-Dame 274 bis) — (Recueil de dits, fabliaux, etc...). Fol. 1 r° *a*. et v° *b*. (140 vers).

XIVe s. Parch.. 167 ff. à 2 col., 215 sur 145 mm. En plus : le feuillet A préliminaire (papier) et le feuillet 87 bis (parch.). Les ff. 83, 93, 94 sont blancs ; les ff. 136 à 140 et le feuillet 167 sont mutilés.

II/. Bibl. de l'Arsenal, n° 2773. ff. 184-192.

Les n°s 2771-2775 (59 B. F.). intitulés : « *Fabliaux Mss. de la Bibliotheque de St. Germain des Prez* », sont une copie du ms. franç. 19152 de la Bibliothèque Nationale. faite pour La Curne de Sainte-Palaye.
XVIIIe s. Papier. 5 vol. 250 sur 190 mm.

Vol. 1 (2771), 162 ff.
Vol. 2 (2772), 235 ff.
Vol. 3 (2773), 192 ff.
Vol. 4 (2774), 308 ff.
Vol. 5 (2775), 188 ff.

Éditions.

CRAPELET (1831)	MONE (1836)	
DIVRY (1509)	2 éditions	l'une, vers 1500
MÉON (1823)	sans ind. typ.	l'autre, début XVIe s.

LES DICTZ DE salomon auecques les respo[*n*]*ces de marcon fort ioyeuses.*

S. l. ni d. [chez Jehan Janot ?].). Pet. in-8° de 4 ff. non chiff., signat. *a*, à 27 lignes par page, caract. goth. Fig. en bois au titre. 46 strophes de 3 vers.

(Cf. DE BURE. *Catal. La Vallière*, 1re partie, t. II, p. 414, n° 3346.)

DIVRY (Jehan). *Les Ditz de Salomon et de Marculphus, translatez du latin en françois auec les ditz des sept sages et daultres philosophes de grece traduitz de grec en francoys* par Maistre iehan DIURY.

(S. l. ni d. [Paris, Guillaume Eustace, 1509].). Pet. in-8° goth. à 25 lignes par page, sans chiff. ni récl.

97 tercets.

(Voir : 1° BRUNET. *Man. libr.*, t. V, col. 95-96. — 2° DU ROURE. *Analectabiblion*, t. I, pp. 182-183. — 3° DU VERDIER. *Bibl. franç.*, t. IV, pp. 403-404.)

Salomon. Et Marcon.

(S. l. ni d. [début du XVIe s.].). Pet. in-8° goth., 7 ff. avec une figure en bois au titre.

23 tercets. Au verso du dernier feuillet : « *Cy finissent les ditz de Salomon et de Marcon.* »

(Cf. 1° BRUNET. *Man. libr.*, t. V, col. 95. — 2° GRÄSSE. *Trésor...*, t. 6, p. 250 col. 2.)

MÉON. *Nouv. rec. de fabliaux*, t. I, pp. 416-436 : *De Marco et de Salemons.*

La version la plus ancienne et la plus libre, — rédaction différente de l'édition Crapelet. — Marcoul s'y montre très grossier. 554 vers (136 quatrains, 2 strophes de 3 vers, 2 strophes de 2 vers).

CRAPELET. *Proverbes et dictons populaires...*, pp. 187-200 : *Proverbes de Marcoul et de Salemon.*

354 vers (59 strophes de 6 vers, dont 4 de six syllabes et 2 de cinq). D'après le ms. 19152.

MONE (Franz Joseph), dans *Anzeig. f. Kunde d. teutsch. Vorzeit*, t. 5 (1836), col. 58-61.

D'après le ms. d'Epinal.

Bibliographie.

LEGRAND D'AUSSY. *Fabliaux ou Contes* (3e éd., Renouard), t. II, p. 432.

LENIENT. *La Satire...*, pp. 320-321.

LE ROUX DE LINCY.

1°) *Le Livre des proverbes français*, précédé de *Recherches historiques sur les proverbes français et leur emploi dans la littérature du moyen âge et de la Renaissance*. — 2e éd., revue, corrigée et augmentée. Paris, Adolphe Delahays, 1859, 2 vol. in-16. Tome I, pp. IX-XI et XXXV-XXXVI et t. II, p. 548 (sur le ms. Notre-Dame 274 bis, aujourd'hui 25545).

2°) *Proverbes*, dans l'ouvrage de Paul LACROIX : *Le Moyen Age et la Renaissance. Histoire et description des mœurs et usages, du commerce et de l'industrie, des sciences, des arts, des littératures et des beaux-arts en Europe* (Direction littéraire de Paul Lacroix; direction artistique de Ferdinand Seré; dessins fac-similés par A. Rivaud). — Paris, 1847-1852, 5 vol. in-4°. Tome II, § VIII, ff. I v°-II v°.

MONE. *Beitrag zum Salomon und Markolf*. — 1) *Das französische Gedicht*, dans *Anzeig. f. Kunde d. teutsch. Vorzeit*, t. 5 (1836), col. 61-63 : *Zeugnisse für den Markolf*.

PARIS (Paulin). *Chansonniers*, dans l'*Hist. litt. France*, t. XXIII, pp. 688-689.

Le *DIT DE MARCOL ET DE SALOMON*, mis en latin.

Manuscrits.

BERLIN. Bibl. Nat. d'Allemagne, lat. Qu. 256, ff. 116 v°-122. Vers l'année 1470, 256 ff., 213 sur 155 mm.

DANTZIG. Bibl. Municipale, n° 1947, ff. 190-196.

XVe s. Papier, 342 ff., 310 sur 210 mm. Ecrit de trois mains différentes (ff. 1-196, 200-246 et 248-337).

(Voir : Otto GÜNTHER. *Katalog der Handschriften der Danziger Stadtbibliothek*. — Danzig, 1909, tome III, 3e partie, pp. 86-88.)

ERFURT. Bibl. Amploniana, Hss. in Quart-Format n° 124, ff. 193 v°-194.

Cette version est la plus ancienne : milieu du XIVe siècle. Papier, 203 ff., 200 sur 145 mm.

(Voir : Wilhelm SCHUM. *Beschreibendes Verzeichniss der Amplonianischen Handschriften-Sammlung zu Erfurt... mit einem Vorworte über Amplonius und die Geschichte seiner Sammlung.* — Berlin, Weidmann. 1887. In-4°, pp. 382-384.)

MÜNICH, Bibl. Nat. de Bavière.

1°) Cod. Germ. n° 640, ff. 86-92.

Dernier tiers du XV° s. (1470). 92 ff., 270 sur 195 mm.

(Voir : J.-A. SCHMELLERS. *Die deutschen Handschriften der K. Hof- und Staatsbibliotek zu Muenchen.* 1866. pp. 103-104. [T. V *Codicum Germanicorum* partem priorem complectens.].)

2°) n° 5015 (Bened. 515), ff. 1-3 : *Conflictus verborum inter regem Salomonem et rusticum Marcolfum factorum.*

XV° s. (années 1443-1446). Pap., 163 ff. In-8°.

(Cf. Carl HALM, Georg LAUBMANN, Wilhelm MEYER, Georg THOMAS. *Catalogus codicum latinorum bibliothecae regiae Monacensis.* — Monachii, sumptibus bibliothecae regiae. 1868-1881. 2 tomes en 7 parties in-8° [*Catalogus codicum manuscriptorum bibliothecae regiae Monacensis.* Tome III, 1re partie — tome IV, 4e partie.], t. I, 2e partie, p. 220, n° 1589.)

SALZBURG. St Peter, a. VII. 42, ff. 273-278 v°.

XV° s. Papier. 278 ff., 290 sur 210 mm.

VIENNE. National-Bibliothek [Bibliothèque Nationale d'Autriche].

1°) n° 3092 [Rec. 926], ff. 151 v°-157 v°.

Début : « [C]um rex Salomon sederet super solium david patris sui plenus sapientia et diviciis... »

Fin : « ...Et sic Markolfus evasit manus regis Salomonis manens in vita. »

XV° s. Pap., (1 +) 371 ff. (+ 1), 296 sur 220 mm. (écriture : 220 sur 160).

(Cf. *Tabulae codd. mss. praeter graec. et orient.*, vol. II, p. 194 : *Historia ridicula de Salomone et Marcolfo.*)

2°) n° 3337 [Lunael. f. 126], ff. 229-234 v°.

Titre : « *Sequitur de Markolfo.* »

Début : « Cum staret rex Salomon super solium excelsum david... »

Le *DIT DE MARCOL ET DE SALOMON*.

PARIS, Bibliothèque Nationale,
Dép[t] des Imprimés, Rés. m. Ye. 289.
Fac-similé de la gravure sur bois du fol. 1 v°.

li Diz de l'Erberie

Veiz m'erberie :
Je vos di par Sainte Marie !
Que ce n'est mie freperie....

Le *DIT DE L'HERBERIE*, de RUTEBEUF.

Extrait de D. M. Méon, *Nouveau recueil de fabliaux et contes inédits des poètes français des XIIe, XIIIe, XIVe et XVe siècles*. — Paris, Chasseriau, 1823, 2 vol. in-8°. (En tête du tome I ; Bibl. Nat., Inv. Ye. 7299.)

Fin : « ...non habui locum de terra nisi caput suum quod et terra... » *Explicit Cronica Markolfi.*

XVe s. Pap., (5 +) 235 ff. (+ 3), 300 sur 210 mm. (écriture : 210 sur 140).

(Cf. *Tabulae...*, vol. II, p. 262 : *Historia ridicula de Salomone et Markolfo.*)

3°) n° 3342 [Philol. 77 et 78], ff. 35-36 v°.

XVe s. (1486). Pap., (2 +) 70 ff. (+ 1), 300 sur 215 mm. (écriture : 210 sur 145).

(Cf. *Tabulae...*, vol. II, p. 263 : *Fragmentum e libro de Salomone et Marcolfo.*)

4°) n° 5167 [Univ. 503], ff. 260-270 v°.

Début : « Cum rex Salomon sederet super solium david... »

Fin : « ...Et Marcolfus mansit in vita... »

Explicit Marcolfus cum Salomone et ceteris.

XVe s. (1428). Pap., (3 +) 281 ff. (+ 3), 220 sur 150 mm. (écriture : 170 sur 120/115).

(Cf. *Tabulae...*, vol. IV, p. 47 : *Historia faceta regis Salomonis et Marcolphi, qui hic Moroldus appellatur.*)

WÜRZBURG. Bibl. de l'Université, M. ch. f. 65 (= Manuscr. chart. in-folio n° 65), ff. 62-77 v°.

Ce volume renferme trois manuscrits du XVe siècle, en tout 180 feuillets papier, mesurant 300 mm. de hauteur sur 250 de largeur. Le premier manuscrit occupe les ff. 2-93 : il est de deux mains différentes : 2-77 (très lisible) et 78-93.

(Ff. 2-61 :) *Expositio orationis Dominicae.*

(Ff. 62-77 :) *Salomonis et Marcolfi Dialogus.*

Début de notre pièce : « Cum staret rex Salomon super solium David patris sui... »

Fin : « *Et sic est finis huius operis per me Johannem Scheffer.* »

Éditions.

1. *Dyalogus Salomonis et marcolfi.*

(A la fin :) *Explicit dyalogus Salomonis et marcolfi.*

(Sans ind. typ. [Strasbourg, Knoblochtzer ?].). In-4° goth., 12 ff. non chiff., signat. a-b.

(Cf. HAIN. *Repert. bibliogr.*, vol. II. 2e partie. p. 265. no *14246.)

2. *COLLAT[I]ONES QUAS dicunt[ur] fecisse mutuo rex Salomon sapie[n]tissimus et Marcolphus facie deformis et turpissimus tamen vt fertur eloquentissimus sequuntur. MARCOLPHUS.*

Fol. 2 ro (signé a ij) : [C]Um staret Salomon sup[er] soliu[m] Dauid patris sui plenus sapientia et diuitijs vidit que[m]da[m] homine[m] Marcolphu[m] no[m]i[n]e a parte orientis venie[n]tem.....

(A la fin :) *Finit dialogus inter Salomone[m] rege[m] et Marcolphu[m].*

(S. l. ni d.). In-4o. car. goth., 10 ff. non chiffr.. signat. a-b.

(Cf. HAIN. *Repert. bibliogr.*, vol. II, 2e part.. p. 266. no *14251.)

3. *Salomonis et Marcolphi dyalogus.*

(Fol. 10 ro :) Finitu[m] est hoc opusculu[m] antwerpie per me Gerardum leeu.

Anvers (s. d.). In-4o goth.. 10 ff. non chiffr.. sign. a-b. Aux ro et vo du titre. fig. en bois représentant Esope.

La même { (S.l.) 1482. In-4o.
Antwerpiae, 1487. In-4o.

4. *Salomon et Marcolphus collocutores* (titre en rouge au fol. 1 ro).

(Fol. 2 ro :) *Salomonis et Marcolphi dyalogus.*

(Sans ind. typ.). In-4o. car. goth., 12 ff. non chiff.. sign. a. Imprimé en rouge et noir.

Au fol. 1 vo. très jolie gravure sur bois représentant les deux interlocuteurs.

5. *Collationes (quas dicunt[ur] fecisse mutuo rex Salomon sapie[n]tissimus et Marcolph[us] facie deformis et turpissimus tamen vt fertur eloquentissimus) sequuntur.*

(A la fin. fol. 10 ro :) *Finit dyalogus int' Salomone[m] rege[m] et Marcolphum.*

(Sans ind. typ.). In-4o. 10 ff. non chiff.. car. goth.. signat. a-b.

(Cf. HAIN. *Repert. bibliogr.*, vol. II, 2e partie, p. 265, n° 14249.)

6. *Dialogus Salomonis et Marcolphi.*
(A la fin:) Impressum Rothomagi solerti cura Joh[ann]is mauditier impensis honesti viri Petri regnault univ. cadome[n]sis librarii.
(S. d.). Pet. in-8° goth., 11 ff. non chiff.
(Cf. GRÄSSE. *Trésor*.... t. 6, p. 250 col. 1-2.)

7. *Dyalogus Salomonis et Marcolfi.*
(A la fin, fol. 11 r° :) p[ost] h°[c] domu[m] remea[n]s qu[i]euit in pace.
(Sans ind. typ. [Eustadt, Reyser].). In-4° goth., 11 ff., à 34 lignes.
(Cf. HAIN. *Repert. bibliogr.*, vol. II, 2e partie, p. 265, n° *14248.)

8. *Incipiunt collatio[n]es quas dicuntur fecisse mutuo rex Salomon sapie[n]tissimus et Marcolphus facie deformis et turpissimus tamen vt fertur eloquentissimus feliciter.*
(A la fin :) Post hoc domum remeans quievit in pace.
(Sans ind. typ. [vers 1485].). In-4° goth. de 12 ff. à 30 et 31 lignes à la page pleine.
Sur le titre, une grande gravure sur bois représentant les deux interlocuteurs, Marcolphe bossu comme Esope.
(Cf. BRUNET. *Man. libr.*, supplément, t. II, col. 579.)

9. *Incipiu[n]t collatio[n]es q[ua]s dicu[n]tur fecisse mutuo rex Salomo sapie[n]tiss[i]m[us] et marcolphus facie deformis et turpiss[imus] t[ame]n ut fert[ur] eloque[n]tissimus felicit[er] incipit.*
(Fol. 13 v° :) *Et sic e[st] finis. p[er] me Jacobu[m] de breda.*
(Sans lieu [Deventer].) Jacob de Breda. (sans date [vers 1486].). In-4°, 13 ff. non chiff., gr. car. goth. à 29 lignes, signat. a-b.
(Cf. GRÄSSE. *Trésor*...., t. 6, p. 250 col. 1, et aussi HOLTROP. *Catalogus*...., p. 128, n° 333.)

10. *Collationes, quas dicuntur fecisse mutuo rex Salomon sapientissimus et Marcolphus, facie deformis et turpissimus, tamen, ut fertur, eloquentissimus.*
(Fol. 12:) *Finit dialogus, ut fertur, inter Salomonem regem*

et Marcolphum rusticum, impressus A. D. 1488, vicesima novembris.

(S. l.). In-4°. 12 ff.

Reproduit : (S. l. ni d.). In-4°, 8 ff.
(S. l. ni d.). In-4°. 10 ff.
Landesh., J. Weissenburger. 1514. In-4°.
(S. l..) 1521. In-4°.

(Cf. GRÄSSE. *Trésor....* t. 6. p. 250 col. 1, et HAIN. *Repert. bibliogr.*, vol. II, 2e partie, p. 266, n° 14256.)

11. *Salomonis et macolphi Dyalogus.*
(Fol. 9 r° :) Post hoc domum remeans quievit in pace. Finis.
(Ff. 9 v° et 10 en blanc.)
(Sans ind. typ. [Paris. Félix Baligaut, vers 1490].). In-4° 10 ff. car. goth., 40 lignes.
(Cf. HOLTROP. *Catalogus....* p. 432. n° 623.)

12. *Collationes quas dicu[n]tur fecisse mutuo rex Salomon sapientissimus et Marcolphus facie deformis et turpissimus t[ame]n ut fertur eloque[n]tissimus.*
Impressum dauentrie per Iacobum de breda. (Sans date [vers 1491].). In-4°. 10 ff. pet. car. goth. à 36-37 lignes.
(Cf. HOLTROP. *Catalogus...*, pp. 133-134, n° 353.)

13. BENARY (Walter). Edition du texte du manuscrit *Mch. f.* 65 de la Bibl. de l'Université de WÜRZBURG, pp. 1-56 de : *Salomon et Marcolfus.* Kritischer Text mit Einleitung, Anmerkungen, Übersicht über die Sprüche, Namen- und Wörterverzeichnis, herausgegeben von Walter BENARY. — Heidelberg, Carl Winter's Universitätsbuchhandlung, 1914. In-16. (*Sammlung mittellateinischer Texte*, herausgegeben von Alfons HILKA. N° 8.)

Le *DIT DE MARCOL ET DE SALOMON* mis en allemand.

Manuscrits.

HEIDELBERG. Bibliothèque de l'Université. Cod. Palat. german. 154, ff. 125 r° *a*. — 136 v° *b*.

SALOMON UND MOROLF.

Dyss ist Salomō Vnd Marolffes spru|e|che Die sie myt ēyander hatten mit mägen clu|o|gen wortteN.

Commencement : ICh han dicke horē sagen.
Wie man fant in allen dagen.

Fin : Hie hat Marolffes buch ēy ende
Got vns zu dem besten wende.

XVe s. (année 1474). Papier, 407 ff. (280 manuscrits et 127 imprimés. Il manque 1 feuillet après le fol. 76 et un autre après le fol. 348), 290 sur 204 mm.

(Voir : 1° Karl BARTSCH. *Die altdeutschen Handschriften der Universitäts-Bibliothek in Heidelberg*, verzeichnet und beschrieben von Karl Bartsch. Heidelberg. Gustav Koesler, 1887. In-4°. *Codd. Palatini Germanici*, n° 95, pp. 39-40. — 2° Friedrich WILKEN. *Geschichte der Bildung. Beraubung und Vernichtung der alten heidelbergischen Büchersammlungen. Ein Beytrag zur Literargeschichte vornehmlich des fünfzehnten und sechszehnten Jahrhunderts.* — Heidelberg, August Oswald, 1817. In-8°, pp. 364-365, n° CLIV. § 2.)

PARIS. Bibliothèque de l'Arsenal, n° 8021 (11 bis. All.).

Premiers vers : « Die geleittent die herren Kingin
Da gieng vor der frouwen wolgetan
Des tages vil werder spill man... »

Dernier vers : « Got helff uns zü siner Trinitat. Amen. »

(Voir : Wilhelm SCHAUMBERG. *Untersuchungen über das deutsche Spruchgedicht Salomo und Morolf* (1). Inaug. - Dissert. — Halle, E. Karras, 1874. In-8°.)

Fin du XVe s. (année 1494). Papier, 68 ff., 290 sur 210 mm. Reliure en bois couvert de veau bruni estampé ; traces de fermoirs.

A l'intérieur du premier plat est collée une gravure très ancienne, que l'on considère comme ayant été exécutée dans la vallée du Rhin entre 1460 et 1475, et représentant le Christ en croix, entre la Vierge et St. Jean; un soldat

(1) [*Recherches sur le poème gnomique allemand de Salomon et Marcol.*]

perce de sa lance le côté droit du Christ. (Voir : 1° Jules RENOUVIER. *Histoire de l'origine et des progrès de la gravure dans les Pays-Bas jusqu'à la fin du XVe siècle.* Bruxelles, M. Hayez, 1860. In-8°, p. 42. n° 24. — 2° W. L. SCHREIBER. *Manuel de l'amateur de la gravure sur bois et sur métal au XVe siècle.* Berlin, librairie Albert Cohn. 1891-1892. 2 vol. gr. in-8°. Tome I. pp. 134-135, n° 478. — 3° William H. WILLSHIRE. *A descriptive catalogue of early Prints in the British Museum : German and Flemish schools.* (Avec illustrations.). — London. 1881-1883. 2 vol. in-8°. Tome I. p. 197, n° 18).

Ce manuscrit n° 8021 provient de la bibliothèque des Pères du couvent de Nazareth, coté : « X 8 ». Au-dessous de la gravure du premier plat. on lit : « *Utina[m] esse[m] cu[m] eo. — V. C[o]eming. — Nunc est Albertus Bergmeyger* ». A l'intérieur du dernier plat : « ... *ist dis buch Anna Bergmegerin* ». puis. au bas : « *iste libellus est Anna Bergerin.* »

Éditions.

1. *Frag vnd antwort Salomonis vnd marcolfij.* — Nürnberg. M. Ayrer. 1487. In-4° de 15 ff. avec 15 gravures sur bois. (Cf. HAIN. *Repert. bibliogr.*. vol. II. 2e partie. p. 266. n° 14257.)

   Reproduit plusieurs fois. entre autres :

2. *Red vnd widerred Salomo[n]is vn[d] marcolfij.* — Augsburg. Johann Schobsser, 1490. In-4°, avec fig. sur bois.
   (Cf. 1° Friedrich-Adolf EBERT. *Allgemeines bibliographisches Lexikon* (1). Leipzig. F. A. Brockhaus. 1821-1830, 2 vol. in-4°. T. I, col. 379, n° 4927. — 2° GRÄSSE. *Trésor...*, t. 6, p. 250, col. 2. — 3° HAIN. *Repert. bibliogr.*. vol. II, 2e partie, p. 266, n° 14258.)

Pour les autres manuscrits allemands (DARMSTADT, n° 2225. ff. 59-59 v° [XVe s., 83 ff., 210 sur 150 mm.] et

(1) [*Manuel de bibliographie générale.*]

MÜNICH. Germ. 640, ff. 86-92 [écrit en 1470, 92 ff., 270 sur 195 mm.].), ainsi que pour les autres éditions, voir :

DOCEN (B.-J.), dans *Museum für altdeutsche Literatur und Kunst*, herausgegeben von D^{r}. Fr. H. von der Hagen, B.-J. Docen und D^{r}. J. G. Büsching. — Berlin, F. Fr. Unger, 1809-1811, 2 tomes en 3 vol. in-8°. Tome 2 (vol. 3), pp. 270-276 : *Salomon und Markolf*, durch Gregor HANDEN gedichtet.

ESCHENBURG (J. J.). *Auszug eines handschriftlichen altteutschen Gedichts vom König Salomon und Markolphus*, dans *Bragur* [1], t. III (1794), pp. 357-396.

HAGEN (Dr Friedrich Heinrich von der) et BÜSCHING (Dr Johann Gustav).

1°) *Deutsche Gedichte des Mittelalters* [2], herausgegeben von Hagen und Büsching. — Berlin, G. Reimer, 1808-1820, 2 vol. in-4°. A la fin du tome I : *Salomon und Morolf* [pp. III-XXIV, introduction ; 1-64, texte ; 65-91, Anmerkungen über die Eschenburgische Handschrift und den Neresheimischen Druck; 91-99, der andere Morolf.].

2°) *Literarischer Grundriss zur Geschichte der deutschen Poesie von der ältesten Zeit bis in das sechzehnte Jahrhundert* [3]. — Berlin, Duncker und Humblot, 1812. In-8°, pp. 207-208 et 347-350.

WIEDENBAUER (Augustin), dans *Bragur*, t. IV, 2e partie (1796), pp. 173-178.

Le *DIT DE MARCOL ET DE SALOMON*, mis en danois.

En lystig Samtalle imellem Kong Salomon og Marcolfum saare kortwillig at laese. — Kjöbh, 1711. In-8°. 1re édition. Kjöbh, vers 1540. In-8°.

(1) *Bragur*. Ein litterarisches Magazin der deutschen und nordischen Vorzeit, herausgegeben von Friedrich David GRÄTER [I-III ; le tome I, en collaboration avec Auguste BOCKH]... *Braga und Hermode*, oder neues Magazin für die vaterländischen Alterthümer der Sprache, Kunst und Sitten [IV-VIII]... — Leipzig, 1792-1805, 8 tomes en 12 vol. in-8°.

(2) [*Poésies allemandes du moyen âge.*]

(3) [*Précis littéraire de l'histoire de la poésie allemande depuis l'époque la plus ancienne jusqu'au XVIe siècle.*]

(Cf. Rasmus NYERUP. *Almindelig Morskablaesning i Danmark og Norge igjennem Aarhundreder.* — Kjöbenhavn. Thiele. 1816. In-8°. pp. 264-266.)

Le *DIT DE MARCOL ET DE SALOMON*, mis en hongrois.

Salamon Királynak, Dávid Király fiának, Markalffal való tréfa beszédének rövid könyve. Mostan ujjabban az elöbbeni betüfogyatkozásokból megjobbittatott [1]. — Vacz. 1783. In-8°. Puis : 1795.

(Voir : Zoltán FERENCZI, *A Salamon és Markalf cimü népkönyv kiadásairol*, dans *Magyar Könyvszemle* [revue bibliographique du Musée National de Budapest], année 1896, pp. 52-60, qui décrit 12 éditions hongroises de *Salomon et Marcol*, parues de 1577 à 1808. Mais il en existe davantage encore depuis 1808, entre autres celles de 1847 et 1885.)

Le *DIT DE MARCOL ET DE SALOMON*, mis en italien.

Dyalogo de Salomone e Marcolpho. — Venezia. Sessa. 1502. In-4° de 8 ff. (Voir DU VERDIER. *Biblioth. franç.*, t. IV, pp. 403-404, qui cite deux autres imitations italiennes.)

Le *DIT DE MARCOL ET DE SALOMON* a été mis aussi en persan et en polonais.

Le *DIT DE MARCOL ET DE SALOMON*, mis en suédois.

Marcolphus, thet är : En underlig och sälsam Historia om konung Salomon och en benembd Marcolphus, medh allehanda Spöremål, ordsprak och lustige historier.

(1) [*Petit livre de dialogues facétieux du roi Salomon, fils du roi David, avec Marcol.* Récemment expurgé, cette fois, des fautes de l'édition précédente.]

ganska ljufligh till att läsa[1]. Trycht åhr **1646. In-8°.** Réimprimé en 1661 et 1684.

(Voir : 1° P. O. BACKSTRÖM. *Svenska folksböcher. Sagor, legender och afventyr efter äldre upplagor... Jemte öfversigt af Svensk folklässning från aldre till närvarande tid*[2]. — Stockholm, A. Bohlin, 1845, 2 vol. in-8°. Tome II, 2e partie : *Ofversigt af Svenska folk-litteraturen*, pp. 63-65. — 2° C. J. LÉNSTRÖM. *Svenska poesiens historia* [3]. Oerebro, N. M. Lindh, 1839-1840, 2 vol. in-8°. Tome I, pp. 118-119.)

(1) [*Marcolphe, ou : une Histoire étonnante et rare sur le roi Salomon et un nommé Marcolphus*, avec toutes sortes de sujets, proverbes et histoires amusantes, vraiment délicieux à lire. Imprimé en 1646.]

(2) [*Livres populaires suédois. Contes, légendes et aventures d'après d'anciennes éditions... avec un aperçu sur les lectures populaires en Suède depuis les temps anciens jusqu'à nos jours.*]

(3) [*Histoire de la poésie suédoise.*]

§ III

PRODUCTIONS DRAMATIQUES DES JONGLEURS AU XIIIe SIÈCLE. MIMES LITTÉRAIRES (1).

COURTOIS D'ARRAS
La CHÂTELAINE DE SAINT-GILLES
Le PRIVILÈGE AUX BRETONS
La PAIX AUX ANGLAIS
Les DEUX BOURDEURS RIBAUDS
RENARD ET PEAU-D'OIE

I. *COURTOIS D'ARRAS.*

Jeu dramatique, quoique le monologue y tienne une grande place et malgré la présence de quelques vers narratifs. 663 vers (dialecte picard). Fin du XIIe siècle-début du XIIIe, antérieur à 1250. Auteur anonyme ; peut-être le jongleur Courtois, qui vécut à Arras. Joué sans doute au puy d'Arras.

Manuscrits.

LONDRES. British Museum. MSS. Additional n° 15211, ff. 189-199.

Tome II de 4 vol. n°s 15210-15213 : « *Fableaux, contes et nouvelles, copiées fidellement d'après le manuscrit du*

(1) « Le mime littéraire appartient au théâtre. Il se distingue du drame proprement dit moins par la nature des sujets que par la façon de les traiter et de les représenter. Son objet est l'imitation de la réalité par le geste et par la voix, sans recours aux procédés d'une mise en scène complète et régulière. » (FARAL. *Mimes...*, avant-propos, p. XV.)

XIII. *siècle qui est dans la Bibliothèque de Sainte-Geneviève*, m d CCXXXIX ». Indication erronée, car le manuscrit dont il s'agit ici est l'ancien Saint-Germain français n° 1239, l'actuel 19152 de la Bibliothèque Nationale de Paris. Cette copie sur papier, pet. in-4°, a été faite en 1739 pour La Curne de Sainte Palaye.

(Voir : H. L. D. WARD. *Catalogue of romances in the department of mss. in the British Museum.* — London. In-8°. Tome I, 1883, pp. 804-810 et, sur le tome IV [n° 15213] de ce ms., pp. 714-716.)

PARIS.

I/. Bibliothèque Nationale, fonds français, n°s 837, 1533 et 19152.

1°) n° 837 (anc. 7218).

Fol. 63 r° *a* : *de Courtois d'Arraz.*

Fol. 66 v° *a* : *Explicit de cortois.*

(Sur ce ms., voir supra, p. 18.)

2°) n° 1553 (anc. 7595).

Fol. 499 r° *b* : *Li Lais de Courtois*-fol. 502 v° *a* (numérot. origin.). Seconde moitié du XIIIe s. Vélin, miniatures, lettres historiées et ornées; 525 ff. (chiffrés DXXV), plus, en tête, 2 ff. non chiffr. et, à la fin, également 2 ff. non chiffrés, 266 sur 184 mm.

Léopold CONSTANS — p. 28 de *Marie de Compiègne, d'après « l'Evangile aux Femmes »*, texte publié pour la première fois dans son intégrité d'après les quatre manuscrits connus des XIIIe, XIVe et XVe siècles, avec un *Commentaire philologique et grammatical* et une *Dissertation sur l'origine probable de ce fabliau,...* — Paris, F. Vieweg. 1876. In-8° (1) — indique comme date de ce ms « 1295 ou 1296 »; mais, plus tard, dans « *L'Evangile aux Femmes* », publié dans *Zeitschrift für romanische Philologie* (2), 1884, t. VIII, p. 24, cet auteur est bien moins

(1) Extrait du tome III du *Bulletin de la Société historique de Compiègne.*

(2) Begründet von Prof. Dr. Gustav GRÖBER, fortgeführt und herausgegeben von Dr. Ernst HOEPFFNER. — Halle a. S., Max Niemeyer. In-8°.

affirmatif et se contente d'une indication plus large : « 1258 à 1296 ».

Voir aussi Paul MEYER : *a*/ dans *Romania*, 1884, t. XIII, pp. 629-630. — b/ dans *Barlaam und Josaphat, französisches Gedicht des dreizehnten Jahrhunderts von Gui de Cambrai*.... herausgegeben von Hermann Zotenberg und Paul Meyer, dans la collection *Bibliothek des Litterarischen Vereins in Stuttgart*, t. LXXV (1), pp. 329 et suiv.

3°) n° 19152.

Fol. 82 v° *c* : *Ci com[men]ce de cortois d'Artois*-fol. 85 r° *c*.

(Voir supra, pp. 18-19.)

II/. Bibliothèque de l'Arsenal, n° 2773, ff. 51-66 v°.

Copie du ms. 19152 de la Bibliothèque Nationale.

(Voir supra, p. 19.)

PAVIE. Biblioth. de l'Université. Cod. Ald. 219 (anc. CXXX. E. 5), ff. 58-62.

Titre : *de courtois darraz.*

Début : Ietez ietez vos bestes hors
bues et vaches berbiz et pors.

Fin : De ioie qu'il est revenus
chanton te deum laudamus.

Première moitié du XIVe siècle. Parch., 270 sur 195 mm.

(Voir : A. MUSSAFIA. *Über eine altfranzösische Handschrift der k. Universitäts-Bibliothek zu Pavia*, dans *Sitzungsber. kaiserl. Akad. Wissensch.*, phil.-hist. Cl., mars 1870, tome LXIV, pp. 545-618, notamment pp. 590-594.)

Éditions.

BARBAZAN-MÉON (1808) | FARAL (1905 et 1911)

BARBAZAN-MÉON. *Fabliaux et Contes* (éd. 1808), t. I, pp. 356-379.

(1) 1864. In-8°.

716 vers. D'après le ms. 837, corrigé par le 19152. L'éditeur a complètement négligé le 1553.

FARAL (Edmond).

1°) *Courtois d'Arras*, édition critique avec une *Introduction* (pp. 163-189) et un *Glossaire* (pp. 224-231), dans la *Bibliothèque de la Faculté des Lettres de l'Université de Paris*, n° XX : *Quatrièmes mélanges d'histoire du Moyen âge*, publiés sous la direction de M. le professeur LUCHAIRE. — Paris, Félix Alcan, 1905, In-8°. Le texte se trouve pp. 190-223 = 663 vers. D'après les 4 mss.

(Cf. 1° A. GUESNON, dans le *Moyen Age*, mars-avril 1908, 2° série, t. XII [t. XXI de la collection], pp. 57-67. — 2° Ant. THOMAS, dans *Romania*, t. XXXV (1906), p. 494.)

2°) *Courtois d'Arras, jeu du XIII° siècle*. — Paris, Champion, 1911, In-16. (*Les Classiques français du moyen âge* (1), publiés sous la direction de Mario ROQUES.) Nouvelle édition en 1922. Le texte du ms. 1553 en forme la base. = 652 vers. Edition accompagnée d'une *Introduction*, d'une liste de *Variantes*, d'un *Index des noms propres* et d'un *Glossaire*.

Bibliographie.

BÉDIER (Joseph). *Les commencemens du théâtre comique en France*, dans la *R. D. M.*, 15 juin 1890, 3° période, t. 99, p. 885.

CAYLUS (Comte A. C. P. de). *Mémoire sur les Fabliaux* (juillet 1746), dans les *Mémoires de littérature tirés des registres de l'Académie Royale des Inscriptions et Belles-Lettres*, t. XX, p. 368.

CREIZENACH. *Gesch. neu. Dram.*, t. I, pp. 381-382.

DINAUX. *Courtois d'Arras*, dans *Trouvères artésiens*, pp. 157-158.

FARAL. *Jongleurs...*, pp. 242-243 et 250.

LE CLERC (Victor). *Trouvères, Fabliaux*, dans l'*Hist. litt. France*, t. XXIII, pp. 70-71.

(1) Collection de textes français et provençaux antérieurs à 1500.

LEGRAND D'AUSSY. *Fabliaux ou Contes* (3e éd., Renouard), t. II, pp. 169-172 (analyse) et 178.

ROY (Emile). *Le Mystère de la Passion en France du XIVe au XVIe siècle*, dans la *Revue Bourguignonne*, publiée par l'Université de Dijon, t. XII (1903), n°s 3 et 4, p. 54*.

SUCHIER et BIRCH-HIRSCHFELD. *Gesch. franz. Lit.*, p. 299.

Sur les représentations figurées, voir :

MARTIN (Le P. Arthur) et CAHIER (le P. Charles), S. J. *Monographie de la Cathédrale de Bourges.* 1re partie : *Vitraux du XIIIe siècle.* — Paris, Poussielgue-Rusand, 1841-1844. Gr. in-fol°, pp. 179-188 : l'*Enfant prodigue.* (Avec planche en couleur.)

II. *LA CHÂTELAINE DE SAINT-GILLES.*

319 vers.

Manuscrits.

PARIS.

I/. Bibl. Nationale, fonds franç., n° 837 (anc. 7218).

Fol. 114 v° *a* : *de la chastellaine de Saint Gile.*

Fol. 116 r° *a* : *Explicit la chastelaine de St. gille.*

(Sur ce ms., voir supra, p. 18.)

II/. Bibl. de l'Arsenal, n° 2763, ff. 312 à 320 v°.

Copie du ms. franç. 837 de la Bibl. Nat., faite pour LA CURNE DE SAINTE-PALAYE, avec annotations de sa main. Les n°s 2763 à 2767 (57 B. F) des mss. de l'Arsenal sont des « *Copies des Fabliaus Ms. du Roy*, n° 7218 ». XVIIIe s. Papier, 5 vol. 255 sur 190 mm.

Vol. 1 (2763), 428 ff.
Vol. 2 (2764), 314 ff.
Vol. 3 (2765), 298 ff.
Vol. 4 (2766), 327 ff.
Vol. 5 (2767), 294 ff.

Éditions.

BARBAZAN (1756)
BARBAZAN-MÉON (1808)
LA CURNE DE SAINTE-PALAYE (1756)
LEGRAND D'AUSSY (1829)
MONTAIGLON et RAYNAUD (1872)
SCHULTZ-GORA (1899)

BARBAZAN (Etienne). *Fabliaux et contes des poetes françois des XII, XIII, XIV et XVe siècles. Tirés des meilleurs auteurs.* — Paris, Vincent (tome I), puis Amsterdam, Arkstée et Merkus (t. II et III), 1756, 3 vol. in-12. Tome III, pp. 21-38.

LA CURNE DE SAINTE-PALAYE. *Les amours du bon vieux tems.* — A Vaucluse et à Paris, Duchesne, 1756. In-12. pp. 66-80.

BARBAZAN-MÉON. *Fabliaux et Contes* (éd. 1808), t. III, pp. 369-379 (287 vers).

LEGRAND D'AUSSY. *Fabliaux ou Contes* (3e éd., Renouard), t. IV, pp. 89-93 (extrait en prose) et p. 94, note.

MONTAIGLON et RAYNAUD. *Rec. gén. fabliaux...*, t. I, pp. 135-146 (texte exact du ms. 837), t. II, pp. 293-294 (notes et variantes) et t. VI, p. 272 (additions et corrections).

SCHULTZ-GORA (O.). *Zwei altfranzösische Dichtungen.* I) « *La Chastelaine de Saint Gille* ». — II) *Du Chevalier au barisel.* — Halle a. S., Max Niemeyer, 1899. In-16, pp. 37-46.

Imitation.

IMBERT. *Choix de fabliaux,* t. II, pp. 33-36 (romance de 64 vers).

Bibliographie.

FARAL. *Jongleurs...*, pp. 240-241 et 250.

PARIS (Paulin). *Trouvères. Chansonniers,* dans l'*Hist. litt. France,* t. XXIII, pp. 540-544.

SCHULTZ-GORA. *Einleitung,* pp. 3-34 de l'édition ci-dessus indiquée : « *Zwei altfranzösische Dichtungen...* »

III. *Le PRIVILÈGE AUX BRETONS.*

253 vers. Se compose de deux pièces, quoique le ms. 837, qui les a conservées, les donne à la suite l'une de l'autre sans aucune séparation. Composées sans doute par le même auteur parisien et vers la même date (1235 à 1240) ; mêmes procédés mimiques, mêmes personnages, sujets voisins, mais structure métrique tout à fait différente. La seconde pièce est coupée par des parties narratives beaucoup plus longues et plus nombreuses que dans la première.

Manuscrits.

PARIS.

I/. Bibl. Nationale, fonds franç., n° 837 (anc. 7218).
Fol. 190 r° *a* : *Le privilege aus bretons.*
Fol. 191 v° *b* : *Explicit le previlege aus bretons.*
(Sur ce ms., voir supra, p. 18.)

II/. Bibl. de l'Arsenal, n° 2764, pp. 257-264.
Copie du ms. 837 de la Bibl. Nat.

Éditions.

FARAL (1910)	JUBINAL (1835)

JUBINAL. *Jongleurs et trouvères*, pp. 52-62 (édition pas toujours exacte et claire).

FARAL. *Mimes*, pp. 13-28 (avec traduction en français moderne).

Bibliographie.

DAUNOU. *Discours...*, pp. 293-294, et dans l'*Hist. litt. France*, t. XVI, p. 172.

FALLOT. *Rech. lang. franç. XIII*^{e} *s.*, p. 469.

FARAL.
1°) *Jongleurs...*, pp. 239-240.
2°) *Mimes...*, pp. 3-11.

LE CLERC (Victor). *Trouvères. Poésies historiques*, dans l'*Hist. litt. France*, t. XXIII, pp. 423-427.

IV. *La PAIX AUX ANGLAIS* (1).

Dit satirique sur le roi d'Angleterre, Henri III, qui, menacé par ses propres barons, implora le secours de son beau-frère Louis IX, roi de France. Ce poème dramatique (88 vers) met en scène un Anglais qui raconte, sous forme dialoguée, le conseil tenu par le roi.

---

(1) Suivie de : la *CHARTE DE LA PAIX AUX ANGLAIS*.

Bouffonnerie en prose, satire du jugement prononcé par Louis IX à Amiens, le 23 janvier 1264, entre le roi d'Angleterre et ses barons.

Auteur inconnu. Datée du 17 avril 1264 : « l'an .m. cc. lx. i. ii et iii., a ce jodi assolier », c'est-à-dire : « le jeudi saint de 1263 » ou, selon le comput actuel, « le 17 avril 1264 » (cette année-là, en effet, Pâques tombait le 20 avril).

Manuscrits.

Paris.

I. Bibl. Nationale, fonds franç., n° 837.

Fol. 221 r° *b* : *la Chartre de la pais aus anglois* fol. 221 v° *a*.

II. Bibl. de l'Arsenal, n° 2765, ff. 97-98 v°.

Editions.

Faral (1910)	Villeneuve-Trans (1839)
Jubinal (1825 et 1835)	Wright (1839)
Le Clerc (1856)	

Jubinal.

1°) *Documens historiques inédits*..., dans le *Journ. Inst. hist.*, t. I, pp. 363-364 (texte orig. avec trad. franç. mod.).

2°) *Jongleurs et trouvères*, pp. 175-176 (texte orig. seulement).

Villeneuve-Trans. *Hist. st Louis*..., t. III, p. 613 (trad. franç. mod., reprod. de l'imitation de Jubinal parue dans le *Journ. Inst. hist.*).

Wright. *The Political songs of England*..., p. 360 (texte orig.).

Le Clerc (Victor). *Trouvères, Poésies historiques*, dans l'*Hist. litt. France*, t. XXIII, pp. 152-153 (texte orig.).

Faral. *Mimes*..., pp. 48-50 (texte orig. avec trad. franç. mod.).

Bibliographie.

Faral. *Mimes*..., pp. 32, 33 et 34.

Le Clerc, dans l'*Hist. litt. France*, t. XXIII, pp. 152 et 153-154.

Wright. *The Political songs of England*..., pp. 359-360.

Nous devons également citer :

la *NOUVELLE CHARTE DE LA PAIX AUX ANGLAIS*.

Auteur inconnu, sans doute angevin ou tourangeau. (Date :) 1264.

Manuscrits.

I/. Bibl. Nationale, fonds franç., n° 837.
Fol. 220 v° *a* : *la pais aus englois.*
Fol. 221 r° *b* : *Explicit la pais aus englois.*
(Sur ce ms., voir supra, p. 18.)

II/. Bibl. de l'Arsenal, n° 2765, ff. 95-97.
Copie du ms. 837 (anc. 7218) de la Bibl. Nat.

Éditions.

FARAL (1910)	VILLENEUVE-TRANS (1839)
JUBINAL (1825 et 1835)	WRIGHT (1839)

JUBINAL.

1°) *Documens historiques inédits. La Pais et la Charte aus Englois*, dans le *Journal de l'Institut historique*, janv. 1825, t. I, pp. 359-363 : *la Pais aux Englois* (texte orig. avec trad. ou plutôt imitation en prose franç. mod.).

2°) *Jongleurs et trouvères*, pp. 170-174 (texte original seulement).

Fin d'une parodie burlesque semblable à la précédente, avec des personnages différents. Il s'agit ici du traité de Montreuil-sur-Mer (juin 1299), par lequel Philippe-le-Bel rendait la Guyenne, moins Bordeaux, au roi d'Angleterre, Edouard Ier.

Auteur anonyme. (Date :) 1299 (mil. CC. IIII^{xx}. et XIX).

Manuscrit.

PARIS. Bibl. Nat., fonds franç., n° 1933 (anc. 7894), feuillet 2 r°. Incomplet au début. XIIIe s. Vélin, 102 ff., 200 sur 125 mm.

Editions.

FARAL (1910)	RAYNAUD (1885)

RAYNAUD (Gaston). *Mélanges* (V), dans *Romania*, t. XIV (1885), p. 280 (texte orig.).

FARAL. *Mimes*..., p. 51 (texte orig. seulement).

Bibliographie.

FARAL. *Mimes*..., introd., pp. 31, 32, 33-34.

RAYNAUD, dans *Romania*, t. XIV (1885), pp. 279-280.

VILLENEUVE-TRANS. *Hist. s^t Louis...*, t. III. pp. 610-613 (trad. en franç. mod., reproduction de l'imitation de JUBINAL parue dans le *Journ. Inst. hist.*). Voir aussi pp. 276 et 614.

WRIGHT. *The Political songs of England...*, pp. 63-68 (texte orig. avec trad. en prose anglaise) et pp. 358-361 (notes).

FARAL. *Mimes...*, pp. 41-47 (texte orig. avec trad. en prose franç. mod.).

Bibliographie.

FALLOT. *Rech. lang. franç. XIIIe s.*, p. 468.

FARAL.

1°) *Jongleurs*, pp. 239 et 240.

2°) *Mimes*, introd., pp. 31-39.

LE CLERC (Victor). *Trouvères. Poésies historiques*, dans l'*Hist. litt. France*. t. XXIII, pp. 449-454.

V. *DISPUTE DES DEUX BOURDEURS RIBAUDS.*

Monologue à l'origine, devenu débat. Réunion de trois poèmes ayant entre eux une étroite parenté :

1°) au point de vue du sujet = la *Gengle* [ou la *Jonglerie*], (176 vers) ; la *Réponse de l'un des deux ribauds* (164 vers) ; la *Contregengle* [ou la *Contre-jonglerie*]. (182 vers).

2°) quant à l'époque et au pays où ils furent composés = seconde moitié du XIIIe siècle, Ile-de-France ou Champagne occidentale.

Auteur inconnu, pas le même pour les pièces I et III.

Manuscrits.

BERNE. Bibliotheca Bongarsiana, n° 354.

Fol. 65 v° *b* : *Li esbaubisemanz lecheor* — fol. 67 r° *a* (pièce I seulement).

Début : Diva! car laisse ester iangle,
Si te va seoir en cele angle.
Fin : Car bien savons que enor monte. (1)

XIVe s. Parch., 274 ff., 240 sur 165 mm. Manuscrit ayant appartenu à Henri Estienne, à Bongars et à Goldast.

(Voir : 1°) HAGEN. *Catal. cod. Bern.*, p. 338 et p. 340 § 29. — 2°) JUBINAL. *Lettre au directeur de « l'Artiste »...*, pp. 5-12 et 35-45.)

PARIS.

I/. Bibl. Nationale, fonds franç.

1°) n° 837, ff. 213 v° *a.* — 215 r° *b.* (pièces I et III)

Fol. 213 v° *a.* — 214 r° *b* : la *Jengle au ribaut.*

Fol. 214 r° *b.* — 215 r° *b* : la *Contregengle.*

(Sur ce ms., voir supra, p. 18.)

2°) n° 19152, ff. 69 v° *b.* — 70 v° *c.* (pièces I et II)

Ff. 69 v° *b.* — 70 r° *c* : *de. ii. bordeors ribauz.*

Fol. 70 r° *c.* — v° *c* : *la response de l'un des . ii. ribauz.*

(Pour plus de détails sur ce ms., voir supra, pp. 18-19.)

II/. Bibl. de l'Arsenal.

1°) n° 2765, ff. 51-56 v° (pièce I) et 57-62 v° (pièce III). Copie du ms. 837.

2°) n° 2773, ff. 12 v°-16 (pièce I) et ff. 16 v°-20 (pièce II). Copie du ms. 19152.

Éditions.

BARTSCH-HORNING (1887)	MONTAIGLON-RAYNAUD (1872)
FARAL (1910)	ROBERT (1834)
JUBINAL (1839 et 1875)	ROQUEFORT-FLAMÉRICOURT (1815)

ROQUEFORT-FLAMÉRICOURT. *De l'état poés. franç. XII-XIII*[e] s., pp. 290-305 (pièces I et II). D'après les mss. de Paris 837 et 19152.

(1) Quar sauons bien que honor monte — dans le ms. 837
Nos sauons bie[n] q[ue] henor mo[n]te — dans le ms. 19152
PARIS. Bibl. Nat.

ROBERT (A. C. M.). *Fabliaux inédits.* — Paris. impr. de Rignoux. 1834. In-8°. pp. 16-26.

JUBINAL. *Œuv. compl. Rutebeuf...*
1re édition. Tome I. note A. pp. 331-341 (pièces I et II)
(Voir aussi t. I. p. 2 note 4)
Nouv. édit. Tome III. note A. pp. 2-14 (pièces I et II)
(Voir aussi t. I. p. 2 note 5)
} d'après 19152 seulement

MONTAIGLON et RAYNAUD. *Rec. gén. fabliaux....* t. I. pp. 1-12 (pièces I et II). d'après le ms. 19152. Notes et variantes. t. II. pp. 269-275. Puis tome II. pp. 257-263 (pièce III). d'après le 837. Notes et variantes. t. II. p. 357.

BARTSCH et HORNING. *Lang. et litt. franç.*. pp. 609-618 (pièces I et II). D'après les 2 mss. 837 et 19152.

FARAL. *Mimes....* pp. 93-111 (pièce I. d'après les 3 mss. pièce II. d'après 19152 — pièce III. d'après 837) (1).

Bibliographie.

BÉDIER (Joseph). dans l'*Hist. lang. et litt. franç.* de PETIT DE JULLEVILLE. t. II. pp. 98-99.

DES GRANGES. *De scenico soliloquio....* p. 47.

DU MÉRIL. *Orig. lat. théât. mod.*. p. 3.

FARAL.
1°) *Jongleurs....* pp. 81. 148. 152 et suiv.. 216 et 236.
2°) *Mimes....* introd.. pp. 83-91.

FOURNEL. *Tableau du vieux Paris... Spectacles populaires....* pp. 151-153.

LE CLERC (Victor). *Trouvères. Fabliaux.* dans l'*Hist. litt. France.* t. XXIII. pp. 95-97.

LEGRAND D'AUSSY. *Fabliaux ou Contes* (3e éd.. Renouard). t. II. pp. 369-392 : *Les deux Ménétriers* (analyse).

LENIENT. *La Satire....* pp. 25-26.

MÉRAY. *La Vie au temps des trouvères.* pp. 163-170.

(1) « Le manuscrit de Berne. en raison de ses lacunes considérables et apparemmment fautives. ne peut avoir qu'un intérêt subsidiaire. Le texte a donc été établi. ici. d'après les mss. 19152 et 837. Mais comme 837 présente plusieurs lacunes et des déplacements de vers maladroits. c'est 19152 qui a fourni la base de notre texte. » (FARAL. *Mimes...*, p. 91.)

ROQUEFORT-FLAMÉRICOURT. *De l'état poés. franç. XII-XIIIe s.*, pp. 91-92 et 258.

VI. *DISPUTE DE RENARD ET DE PEAU-D'OIE.*

Débat satirique, d'origine picarde, entre un ménestrel, nommé *Renart*, et un clerc, appelé *Piaudoué*. (384 vers). Auteur inconnu.

Manuscrits.

PARIS.

I/. Bibl. Nationale, fonds franç., n° 837.

Fol. 77 r° *a* : *De Renart et de Piau d'oue.*

Fol. 78 v° *b* : *Explicit de renart et de piaudoue.*

(Sur ce ms., voir supra, p. 18.)

II/. Bibl. de l'Arsenal.

1°) n° 2763, ff. 157-167 v°.

Reproduction du ms. 837.

2°) n° 3114 (60 B. F), ff. 4 r° *a*. — 6 r° *b*.

Début : *C'est de Renart et de piaudoue.*

XIIIe s. Parch., 17 ff. à 2 colonnes, plus les feuillets préliminaires A-B, 286 sur 200 mm. Reliure en maroquin rouge, à fil d'or. Tranches dorées.

Édition.

CHABAILLE (Polycarpe). *Le Roman du Renart*, supplément, variantes et corrections. Publié d'après les manuscrits de la Bibliothèque du Roi et de la Bibliothèque de l'Arsenal, par P. Chabaille. — A Paris, chez Silvestre, libraire, 1835. In-8°, pp. 39-54 : *De Renart et de Piaudoué.*

Les variantes assez nombreuses que présente le ms. de l'Arsenal se trouvent pp. 375-378.

Bibliographie.

CHABAILLE. *Avertissement*, pp. XV-XVII de l'ouvrage précédent.

LE CLERC (Victor). *Poésies historiques*, dans l'*Hist. litt. France*, t. XXIII, pp. 461 et 469.

LEGRAND D'AUSSY. *Fabliaux ou Contes* (3e éd., Renouard), t. II, pp. 202-203.

§ IV

Le *DIT DE L'HERBERIE* La *DISPUTE DE CHARLOT ET DU BARBIER* La *DISPUTE DU CROISÉ ET DU NON-CROISÉ*	de RUTEBEUF. Né vers 1230; mort vers 1290. Il devait être d'origine champenoise.

Bibliographie générale sur RUTEBEUF.

AUBERTIN. *Hist. lang. et litt. franç. m. â.*, t. II, pp. 27-30.

AUDIAT (Gabriel), dans le *Bulletin critique*, 15 octobre 1892, t. XIII, pp. 407-409.

BARROUX (M.). *Rutebeuf* ou *Rustebeuf*, dans la *Grande Encyclopédie*, t. XXVIII, p. 1230.

BÉDIER. *Fabliaux...*, pp. 409-417.

BURCHARDT (Albert). *Beiträge zur Kenntnis der französ. Gesellschaft in der zweiten Hälfte des XIII. Jahrhunderts, auf Grund der Werke Rutebeufs, des « Roman de la Rose », des « Renart le Nouvel » und des « Couronnement Renart »* (1). Inaug.-Dissert. — Coburg, A. Rossteutscher, 1910. In-8°.

CHABAILLE (P.). *Rutebeuf*, dans la *Nouv. biogr. gén.* (Didot), t. XLII, col. 929-931.

CLÉDAT (Léon).

1°) *Rutebeuf*. — Paris, Hachette, 1891. In-16.

2°) *Poés. lyr. et satir.*, pp. 195-219.

DELÉCLUZE. *Rutebeuf*, dans la *Revue de Paris*, juillet 1843, nouv. série, t. XIX, pp. 27-42, 112-126 et 249-261.

(1) [*Contribution à la connaissance de la Société française pendant la seconde moitié du XIIIe siècle, d'après les œuvres de Rutebeuf, le « Roman de la Rose », « Renart le Nouvel » et le « Couronnement Renart ».*]

Du Verdier. *Biblioth. franç.*, t. V, pp. 437-439 (tiré de Fauchet, chap. 83).

Faral. *Jongleurs...*, pp. 159-166: *Un type de jongleur. Rutebeuf.*

Fauchet. *Rec. orig. lang. et poés. franç.*, chap. 83, pp. 160-163.

Feger (Gerhard). *Rutebeufs Kritik an den Zuständen seiner Zeit.* (Inaug.-Dissert). — Freiburg in Baden. C. A. Wagner, 1920. In-8°.

Gröber. *Grundriss roman. Philol.*, t. II. 1re partie, B, pp. 822-829.

Jordan (Ludwig). *Metrik und Sprache Rutebeuf's.* Inaug.-Dissert. — Gottingen-Wolfenbüttel, Vandenhoeck und Ruprecht, 1888. Gr. in-8°, et dans *Franco-Gallia*, juil., août-sept. et oct. 1888, t. V, pp. 213-228, 255-296 et 331-345.

Jubinal.

1°) *Notice sur Rutebeuf*, pp. V-LXIII des *Œuv. compl. Rutebeuf*, (nouv. éd.) t. I.

2°) *Etudes nouvelles sur un vieux poète. Rutebeuf.* (Discours), dans *L'Investigateur*, mai 1864, 4e série, t. IV, pp. 145-158.

Kressner (Adolf).

1°) *Rustebuef, ein Dichterleben im Mittelalter*, dans *Franco-Gallia*, nov. 1893, t. X, pp. 165-170.

2°) *Rustebuef als Satiren-Dichter*, dans *Franco-Gallia*, fév. 1894, t. XI, pp. 17-23.

3°) *Rustebuef als Fableldichter und Dramatiker*, dans *Franco-Gallia*, août-sept. 1894, t. XI, pp. 113-121.

4°) *Rustebuef, ein französischer Dichter des XIII. Jahrhunderts.* Realsch-Progr. — Cassel, 1894. In-4°.

Lanson. *Hist. Litt. franç.*, pp. 113-119 et *Hist. ill. Litt. franç.*, t. I, pp. 86-90.

Leendertz jr (P.). *De strophen von Rutebeuf*, dans *Neophilologus*, t. IV (1918-1919), pp. 202-211. (Voir *Romania*, t. XLV, p. 606.)

Lenient. *La Satire...*, pp. 52-66 : *Rutebeuf, le poète plébéien.*

Paris (Paulin). *Rutebeuf*, dans l'*Hist. litt. franç.*, t. XX, pp. 719-783.

Schumacher (Ernst). *Zur Syntax Rustebuef's.* — Kiel, Lipsius und Tischer, 1886. Gr. in-8°.

TIVIER. *Hist. litt. dram. France*, pp. 89-104.
TJADEN (Herm. P.). *Untersuchungen über die Poetik Rustebuefs.* — Marburg, 1885. In-8°.
Z. *Rutebeuf*, dans la *Biogr. Univ.* (Michaud), t. 37, pp. 136-138.

Le *DIT DE L'HERBERIE* (1).

Monologue dramatique pareil à ceux qui devaient avoir tant de succès au XVe siècle. Parodie des boniments de charlatans, partie en vers, partie en prose; sorte de parade dans le goût de Tabarin. (Date:) Entre 1260 et 1270.

Iconographie.

1°) Bibliothèque de CAMBRAI. Manuscrit n° 126, fol° 53

(1) Dont il nous faut rapprocher :

I. *L'HERBERIE.*

Parodie en prose des boniments débités par les charlatans sur les places publiques. Fin du XIIIe siècle, postérieure au *DIT DE L'HERBERIE* de Rutebeuf. Auteur inconnu.

Manuscrits.

PARIS.

I°. Bibl. Nationale, fonds franç., n° 19152.
Fol. 89 r° *a* : *Ci comence lerberie* - fol. 90 v° c.
(Sur ce ms., voir supra, pp. 18-19.)

II°. Bibl. de l'Arsenal, n° 2773, ff. 67-73.
Copie fidèle du précédent.

Editions.

FARAL (1910) | JUBINAL (1839 et 1875)

JUBINAL. *Œuv. compl. Rutebeuf...*
1re édition. Tome I, pp. 468-475.
Nouv. édit. Tome III, pp. 182-192.

FARAL. *Mimes...*, pp. 69-76.

Bibliographie.

FARAL. *Mimes...*, p. 58 (note).
SCHÖNE (Lucien), dans la *Revue d'art dramatique*, 1er juin 1886, t. II, pp. 284-287.

II. De *LA GOUTTE EN L'AÎNE.*

Charge d'un boniment de « *mire* ». 70 vers. Auteur inconnu. Date :

r°, planche coloriée représentant les tréteaux d'un bateleur, vendant des drogues à l'entrée d'une bourgade. Ce ms. est le second d'une série de quatre volumes du même genre: *Recueil d'airs profanes et sacrés*, n°s 125-128. XVIe s. (1512). Papier. 220 sur 283 mm.

Cette planche a été reproduite par Louis PARIS, dans son ouvrage intitulé : *Le Théâtre à Reims*... [p. 58 bis].

2°) En tête du *Nouveau recueil de fabliaux*... de MÉON, une curieuse gravure où l'on voit, monté sur des tréteaux, un marchand d'herbes merveilleuses vantant aux badauds sa panacée:

> Veiz m'erberie;
> Je vos le di par Sainte Marie
> Que ce n'est mie freperie...

Manuscrits.

PARIS. Bibl. Nat., fonds franç.

1°) n° 1635 (anc. 7633).

Fol. 80 r° *b* : *Ci coumence li diz de l'erberie* — fol. 82 r° *a*. Sans nom d'auteur.

---

fin du XIIIe siècle (postérieur au *DIT DE L'HERBERIE* de Rutebeuf et contemporain de l'*HERBERIE* en prose).

Manuscrits.

PARIS.

I°. Bibl. Nat., fonds franç., n° 837.

Fol. 213 r° *a* : *de la Goute en l'aine* - fol. 243 v° *b*.

II°. Bibl. de l'Arsenal, n° 2765, ff. 212 v°-214 v°.

Editions.

JUBINAL. *Œuv. compl. Rutebeuf*....

1re édition. Tome I. pp. 475-477.

Nouv. édit. Tome III, pp. 192-194.

FARAL. *Mimes*..., pp. 77-79.

Bibliographie.

DES GRANGES. *De scenico soliloquio*..., pp. 44 et 57.

FARAL. *Mimes*.... introd., pp. 56-57.

JACOBSEN, dans la *Rev. philol. franç et litt.*, t. XXIII, pp. 102-103.

PICOT, dans *Romania*, t. XVI (1887), ch. VII, n° 58, pp. 495-496.

Ces deux pièces, ainsi que le *DIT DE L'HERBERIE*, sont des mimes, du répertoire des jongleurs.

XIIIe s. Vélin, lettre historiée, 260 sur 185 mm. Incomplet à la fin.

2°) n° 24432 (anc. fonds Notre-Dame 198). (Dits, fabliaux et pièces diverses).

Fol. 33 v° *b*: *ci co*[*m*]*mance l'erberie Rustebuef.*

Fol. 35 v° *a* : *Explicit l'erberie Rusteb'f.*

XIV° s. Parch., 443 ff. à 2 col. (chiffrés : I-CCCCXLIII), plus 1 feuillet prélim. et, après le fol. C IIII^{XX} XVIII, 7 ff. (chiffrés : 198 *a-g*).

Les ff. C IIII^{XX} XIIII et C IIII^{XX} XV manquent. 310 sur 215 mm.

(Voir : H. OMONT. *Catal. gén. Mss. franç. Bibl. Nat.*, avec la collaboration de C. Couderc, L. Auvray, Ch. de La Roncière. *Anciens petits fonds français*, t. II, par C. COUDERC et Ch. de LA RONCIÈRE, pp. 361-368.)

Editions.

CLÉDAT (1891)	KRESSNER (1885)
FARAL (1910)	LEGRAND D'AUSSY (1829)
FRANKLIN (1874)	MÉON (1823)
JUBINAL (1839 et 1874)	SEPET (1901)

MÉON. *Nouv. rec. fabliaux...*, t. I, pp. 185-191.

D'après le ms. 1635 seulement.

LEGRAND D'AUSSY. *Fabliaux ou Contes* (3e éd., Renouard), t. IV.

1°) Appendice. *Choix et extraits d'anciens fabliaux*, pp. 24-27 : *Li diz de l'erberie.*

2°) pp. 239-244. Trad. fort infidèle en prose : *De l'herberie ou le dit de l'herberie* (1).

(1) « Tels sont les deux titres de deux pièces totalement différentes que j'ai réunies et fondues ensemble, parce que le sujet en est le même, ne contenant toutes deux que des propos de charlatan dans une place publique. Elles sont intitulées *Herberie*, du métier de ces sortes de gens qui alors vendoient au peuple des *herbes*. L'une est en prose, l'autre est moitié en prose et moitié en vers. »

(Note du traducteur.)

JUBINAL. *Œuv. compl. Rutebeuf...*
1re édition. Tome I, pp. 250-259 } d'après les mss. 1635
Nouv. édit. Tome II, pp. 51-62. } et 24432
FRANKLIN. *Les Rues et les cris de Paris au XIIIe s.*, pp. 165-174.
Reprod. exacte du ms. 1635.
KRESSNER. *Rustebuef's Gedichte....* pp. 115-120.
D'après les mss. 1635 et 24432.
CLÉDAT. *Rutebeuf*, pp. 142-146.
SEPET. *Orig. cathol. théât. mod.*, pp. 420-424.
Reprod. de l'éd. Clédat.
FARAL. *Mimes....* pp. 61-68.
D'après le ms. 1635, avec les variantes du ms. 24432.

Bibliographie sur le *DIT DE L'HERBERIE*.

CLÉDAT. *Rutebeuf*, pp. 141-142 et 146-147.
DES GRANGES. *De scenico soliloquio....* pp. 44 et 57-58.
DOUHET. *Dict. Myst.*, col. 1399-1400.
DU MÉRIL. *Orig. lat. théât. mod.*, p. 3.
FARAL.
1°) *Jongleurs....* pp. 160, 236, 249-250 et 251.
2°) *Mimes....*, introd., pp. 55-59, et pp. 117-126 : *Glossaire* (pour les *Herberies*).
FOURNEL. *Tableau du vieux Paris... Spectacles populaires....* pp. 155-158.
FRANKLIN. *Les Rues et les cris de Paris au XIIIe s.*, introd., pp. 52 et suiv.
JACOBSEN. *Com. France m. â.*, dans la *Rev. philol. franç. et litt.*, t. XXIII, pp. 101-102 et 163.
JUBINAL. *Notice sur Rutebeuf*, pp. XX et XXIV-XXIX en tête des *Œuv. compl. Rutebeuf* (nouv. édit.), t. I.
L. (Ch.), dans la *Revue de Paris*, mai 1839, 3e série, t. 5, p. 269.
LANSON. *Hist. Litt. franç.*, pp. 198-199 et *Hist. ill. Litt. franç.*, t. I, pp. 149-150.
LINTILHAC. *Hist. gén. théât. France*, t. II, pp. 160-162.
MONTEIL. *Hist. des Français...*, 3e éd., t. I, ép. XC, pp. 369-370.
PARIS (Paulin), dans l'*Hist. litt. France*, t. XX, pp. 737-739.

PETIT DE JULLEVILLE.
1°) *Les Comédiens....* pp. 23-26.
2°) *Répertoire...*, p. 407.
PICOT, dans *Romania*, t. XVI (1887), ch. VII, § 57, pp. 492-495.
SCHÖNE (Lucien). *Notre plus ancien monologue : le Boniment du droguiste*, dans la *Revue d'art dramatique* (1), 1er juin 1886, t. II, pp. 280-289, notamment pp. 281-284.
TIVIER. *Hist. litt. dram. France*, pp. 92-93.
WITKOWSKI. *Les Médecins au Théâtre*, pp. 62-64: *Li Diz de l'Erberie* ou *le Boniment de l'Herboriste.*

DISPUTE DE CHARLOT ET DU BARBIER.

104 vers.

Manuscrits.

PARIS.
I/. Bibl. Nat., fonds franç.
1°) n° 837.
Fol. 323 r° *a* : *La desputoison de Challot et du barbier.*
Fol. 323 v° *a* : *Explicit la desputison de Charlot et du barbier.*
(Sur ce ms., voir supra, p. 18.)
2°) n° 1635.
Fol. 5 v° *b* : *Ci encoumence la Desputisons de Charlot et dou Barbier de Meleun* - fol. 6 v° *a*.
(Sur ce ms., voir supra, pp. 50-51.)
3°) n° 24432.
Fol. 35 v° *b*: *Ci co[m]ma[n]ce le dit de Charlot et du barbiez.*
Fol. 36 v° *a* : *Explicit Charlot et le Barbiez.*
(Sur ce ms., voir supra, p. 51.)
II/. Bibl. de l'Arsenal, n° 2767, ff. 1-4.
Copie du ms. 837 de la Bibl. Nat.

(1) Directeur : Edmond STOULLIG. — Paris, A. Dupret. In-8°.

Editions.

Bartsch et Horning (1895) Jubinal (1839 et 1874)	Kressner (1885)

Jubinal. *Œuv. compl. Rutebeuf*...
1re édition. Tome I. pp. 212-217.
Nouv. édit. Tome II. pp. 8-14.
Kressner. *Rustebuef's Gedichte*.... pp. 99-101.
Bartsch et Horning. *Chrest. anc. franç.*. col. 371-373.
Ces quatre éditions ont été données d'après les 3 mss.

Bibliographie sur la *DISPUTE DE CHARLOT ET DU BARBIER.*

Aubertin. *Hist. lang. et litt. franç. m. â.*, t. II. pp. 22-23.
Clédat. *Rutebeuf.* pp. 123 et 132-133.
Douhet. *Dict. Myst.*. col. 1315.
Legrand d'Aussy. *Fabliaux ou Contes* (3e éd.. Renouard), t. II. pp. 202-203.
Paris (Paulin). dans l'*Hist. litt. France*. t. XX. pp. 741-742.

DISPUTE DU CROISÉ ET DU NON-CROISÉ.

240 vers. (Date :) Entre 1268 et 1270.

Manuscrit.

Paris. Bibl. Nat.. fonds franç.. n° 1635.
Fol. 10 r° *a* : *Ci encoumence la Desputizons dou croisié et dou descroizié* - fol. 11 v° *b*.

Éditions.

Jubinal (1834. 1839 et 1874)
Kressner (1885) | Tiby (1835)

Jubinal.
1°) dans le *Bulletin de la Société de l'Histoire de France*, 1834, t. I. 2e partie, pp. 53-66.

Texte orig. avec trad. littérale en prose.

2°) *Œuv. compl. Rutebeuf...*

1re édition. Tome I, pp. 124-134.

Nouv. édit. Tome I, pp. 146-160.

TIBY (Paul), dans les notes du tome III, pp. 398-417 de *l'Histoire des Croisades entreprises pour la délivrance de la Terre Sainte* (1). — Paris, Boulland, 1825 (t. I) et Depélafol, 1835 (t. II et III), 3 vol. in-8°.

Reproduction du texte et de la traduction du n° 1 précédent.

KRESSNER. *Rustebuef's Gedichte...*, pp. 35-41.

Traductions et Imitations.

DELÉCLUZE (1843) IMBERT (1788)	LEGRAND D'AUSSY (1829)

IMBERT. *Choix de fabliaux...*, t. II, pp. 244-250.

Très infidèle traduction en vers, abrégée.

LEGRAND D'AUSSY. *Fabliaux ou Contes* (3e éd., Renouard), t. II, pp. 211-217.

Imitation infidèle en prose. (Notes, pp. 217-219).

DELÉCLUZE. dans la *Revue de Paris*, 9 juillet 1843, nouv. série, t. XIX, pp. 124-126.

Bibliographie sur la *DISPUTE DU CROISÉ ET DU NON-CROISÉ*.

AUBERTIN. *Hist. lang. et litt. franç. m. â.*, t. II, pp. 22-23.

CHABAILLE (P.), dans le *Journ. Sav.*, mai 1839, p. 277.

CHÉNIER. *Leçon anc. fabl. franç.*, t. IV, pp. 101-102 des *Œuvres de M. J. Chénier...*

CLÉDAT. *Rutebeuf*, pp. 119-123.

(1) Trad. franç. de l'ouvrage de Charles MILLS : *History of the Crusades for the recovery and possession of the holyland.*- 1re éd., London, Longman, 1820, 2 vol. in-8°.

DAUNOU. *Discours....* pp. 363-365, et dans l'*Hist. litt. France*, t. XVI, pp. 213-214.

DOUHET. *Dict. Myst.*, col. 1370.

JUBINAL. *Notes et éclaircissements*, dans la nouv. éd. des *Œuv. compl. Rutebeuf*, t. III, pp. 117-126, note Q.

KLEIN. *Gesch. Dram.*, t. IV, pp. 127-131 ; *Die Kreuzzüge oder Streit des Bekreuzten und Unbekreuzten* (analyse et extraits).

LANSON. *Hist. Litt. franç.*, p. 117, et *Hist. ill. Litt. franç.*, t. I, pp. 88-89.

LENIENT. *La Satire....* pp. 55-58 et 320.

PARIS (Paulin), dans l'*Hist. litt. France*, t. XX, pp. 764-765.

TIVIER. *Hist. litt. dram. France*, pp. 91-92.

§ V

RAYMOND D'AVIGNON

Troubadour (XIIIe siècle).

[*L'HOMME QUI SAIT TOUT FAIRE.*]

Monologue dramatique de 78 vers, antérieur à 1254.

Manuscrits.

MODÈNE. Bibl. d'Este, α R. 4. 4 (fonds étranger, n° 45), fol. 203 r° *a* et *b*.

Ce volume se compose de deux manuscrits réunis sous une même reliure, à cause de la similitude du sujet; il mesure 342 sur 243 mm. Le premier ms. est en parchemin (260 feuillets écrits + 1 feuillet blanc); le second, en papier (ff. 262-345), et l'écriture en paraît être de la fin du XVIe s.

Le premier ms. comprend, à son tour, deux parties distinctes. L'une, la plus ancienne, porte la date : « 1254 » et va du fol. 1 au fol. 230; on y trouve :

a/ (ff. 1-211) deux séries de chansons, sirventés et tensons.

b/ (ff. 213-216) le *Thezaur* de Peire de Corbian.

c/ (ff. 218-230) une série de 63 chansons françaises.

L'autre partie (ff. 232-260), un peu plus récente, est des dernières années du XIIIe siècle ou des premières du XIVe; on y trouve :

d/ (ff. 232-243) des sirventés de Peire Cardinal.

e/ (ff. 243 v°-260) une biographie et un florilège de Ferrari de Ferrare. Ce dernier morceau a été publié par TEULIÉ (H.) et ROSSI (G.) : *L'Anthologie pro-*

vençale de Maître Ferrari de Ferrare.... — Toulouse. E. Privat, 1902. In-8°. (Extrait des *Annales du Midi*, t. XIII (1901), pp. 60-73, 199-215. 371-388 et t. XIV (1902), pp. 197-205, 523-538). Cf. BERTONI (Giulio), [compte-rendu] dans *Giornale storico della letteratura italiana*, 2e semestre 1903. t. XLII. pp. 378-393. — Torino. Ermanno Loescher. In-8°.

Au XIVe s., ce ms. appartint à un certain Pietro de Ceneda (près de Trévise), dont on lit la signature aux ff. 216 r° et 260 v° : PETRVS DE CENET., et *Liber mag[ist]ri Petri de Cenet.* Au XVe s., il se trouvait à Venise dans la bibliothèque de Giovanni Malipiero (†1536). sous le n° 14 (cf., au verso du dernier feuillet de garde du ms., la signature : *Zuan Malipiero cataneus*). Il passa ensuite dans les mains de Pietro Bembo. qui y a inscrit des annotations marginales: depuis la seconde moitié du XVIe s., il fait partie de la bibliothèque d'Este.

(Sur ce ms., voir) :

BERTONI (Giulio). a) *Le manuscrit provençal D et son histoire*, dans *Annales du Midi*, avril 1907. t. XIX, pp. 238-243. — b) *Due note sul ms. provenzale D*, dans *Zeitschr. f. rom. Philol.*, 22 mai 1912. t. XXXVI. pp. 344-345 = I. Guillem Ademar. - II. Peire Cardenal.

CAMUS (Jules). *Notices et extraits des manuscrits français de Modène antérieurs au XVIe siècle.* — Modène. E. Sarasino. 1891. In-8°, pp. 58-74 (sur les chansons françaises des ff. 210 v° *b.* à 230 r° *b.*).

LOLLIS (Cesare de). *Appunti dai mss. provenzali Vaticani*, dans *Rev. lang. romanes*, 2e trimestre 1889. t. XXXIII, p. 165.

MUSSAFIA (Ad.). *Del codice Estense di rime provenzali.* — Vienna, Gerold, 1867. In-8°. [Description, table et extraits.]. (Extrait de *Sitzungsber. kaiserl. Akad. Wissensch.* [Wien.], phil.-hist. Classe. février 1867, t. LV, pp. 339-450, spécialement pp. 346-400 pour l'étude de la 1re partie du 1er ms., c'est-à-dire les ff. 1-230.). Cf. MEYER (Paul), dans la *Rev. crit. hist. et litt.*, 10 août 1867 (2e semestre, pp. 90-94).

SUCHIER (Hermann). *Der papierne Theil der Modenaer Troubadourhandschrift*, dans *Zeitschr. f. rom. Philol.*, 1880, t. IV, pp. 72-73 (sur le second ms., ff. 262-345 de notre volume, et à propos de l'étude qu'en a faite MUSSAFIA dans *Sitzungsber.* [Wien.], t. LV, pp. 412-421).

PARIS. Bibl. Nat., fonds franç.

1°) n° 854 (anc. 7225). *Recueil des poésies des troubadours, contenant leurs vies.* Au v° du premier feuillet de garde, on lit : « *Liure des anciens poetes prouenceaulx* », d'une main du XVIe s.

« *Raimons d'avignon* », fol. 191 r° *b.* et v° *a.*

Début : « Sirven sui avutz et arlotz,
E co[m]tarai toz mos mestiers.
Fin : « Orsps e devinc redons e gras
E sui barbiers e paniers fatz.

Ce recueil est divisé en 3 parties, par genres :
a/ chansons (ff. 1-150)
b/ tensons (ff. 152-163)
c/ sirventés de Peire Cardenal, Bertrans de Born et auteurs divers (ff. 164-199).

On en trouve la table détaillée dans le *Catal. Mss. franç.*, anc. fonds, t. I, pp. 119-129.

Fin du XIIIe s. Vélin, lettres historiées, 199 ff. (manque 1 feuillet entre 116 et 117), 310 sur 230 mm. Voir : THOMAS (Ant.), dans *Romania*, t. XVII (1888), p. 406.

2°) n° 856 (anc. 7226), ff. 372 v° *a.* — 372 v° *b.*

Début : « aissi comensa *Raimon davinho...*
Sirvens sui avutz et arlotz
e comtarai totz mos mestiers.
Fin : « q[ui]l men vol creyre bos fols suy
e savis be quan trucp ab cuy.

Manquent les vers 71-78.

Début du XIVe s. Vélin, lettres historiées, dont un grand nombre ont été coupées, 396 ff. (chiff. (I-CCCLXXXXVI), plus 31 ff. prélim. (1-31) contenant deux tables : l'une par auteurs, l'autre alphabétique. 342 sur 250 mm. Incomplet à la fin, 59 ff. sont mutilés.

Table détaillée dans le *Catal. Mss. franç.*, anc. fonds t. I. pp. 129-143. Voir: JEANROY (Alf.). *Notes sur l'histoire d'un chansonnier provençal*, dans *Mélanges offerts à M. Emile Picot... par ses amis et ses élèves...* — Paris, Edouard Rahir [Damascène Morgand], 1913, 2 vol. gr. in-8°. Tome I, pp. 525-533.

3°) n° 12473 (anc. Vatican 3204 : anc. Suppl. franç. 2032). Chansonnier provençal [chansons, tensons et partimens, sirventés.].

« *Raimons d'avignon* », fol. 177 r° *a* et *b*.

Début : Sirvenz suy avutz et arlotz.
E comtarai totz mos mestiers.
Fin : Orsps e devine redons e grans
E sui barbiers et paniers fatz.

XIII° s. Parch., XIII et 188 ff. à 2 col., 338 sur 232 mm. Miniatures représentant la plupart des troubadours dont ce ms. contient les poèmes. Nombreuses notes marginales inscrites par Pietro Bembo et des auteurs inconnus. Reliure maroquin rouge, aux armes du pape Clément XII. Ce ms. a appartenu à Pietro Bembo, à son frère Torquato, au vénitien Alvise Mocenigo, puis à Fulvio Orsini (1584). Cf., au v° du premier feuillet de garde, note autographe de F. O. = *Poesie di cento venti poeti Provenzali tocco nelle margini di mano del Petrarca et del Bembo in perg. in fogl.* FUL. VRS.

(Sur ce ms., voir:)

BERTONI (Giulio). *Le postille del Bembo sul Cod. Provenzale K.*, dans *Studj romanzi*, editi a cura di Ernesto MONACI. — In Roma: presso la *Società [filologica Romana]*, 1903. In-8°, tome I, pp. 9-31.

DEBENEDETTI (Santorre). *Gli Studi provenzali in Italia nel cinquecento.* — Torino, Ermanno Loescher, 1911. In-8°, pp. 211-214 : *Pietro Bembo.*

LOLLIS (Cesare de). *Ricerche intorno a canzonieri provenzali di eruditi italiani del secolo XVI*, dans *Romania*, t. XVIII (1889), p. 465.

NOLHAC (Pierre de). *La Bibliothèque de Fulvio Orsini. Contributions à l'histoire des collections d'Italie et* à *l'étude de la Renaissance* (1). — Paris, E. Bouillon et F. Vieweg, 1887. In-8°, pp. 313-317.

4°) n° 22543 (anc. 2701, anc. La Vallière 14) : Chansonnier provençal (*Chansonnier La Vallière*).
« *R. davinho* », fol. 23 r° *b*. — v° *a*.

Début : « Sirvens sui avutz et arlotz,
e comtarai totz mos mestiers.

Fin : « qui me[n] vol creire bos fols sui
e savi be[n] ca[n] truep ab euy.

Manquent également les vers 71 à 78.

XIVe s. Parch., 148 ff. à 2, 4, 5 et parfois 6 colonnes, plus les ff. prélim. A, B, C et moins le fol. 84. — 430 sur 205 mm.

(Sur ce ms., voir) :

CHABANEAU, dans *Rev. lang. romanes*, VII, 72-81; XVII, 193; XXI, 98-101.

DE BURE. *Catal. La Vallière*, 1re partie, t. II, pp. 152-158, n° 2071.

MEYER (Paul). *Les derniers Troubadours de la Provence, d'après le Chansonnier donné à la Bibliothèque Nationale par M. Ch. Giraud*. — Paris, 1881. In-8°, pp. 157-198 (= *Bibl. Ec. Chart.*, 1870, t. XXXI, pp. 412-458). [Table détaillée de ce ms.]

Editions.

BARTSCH (1868 et 1880) MAHN (1886)	RAYNOUARD (1819)

RAYNOUARD (F. J. M.). *Choix des poésies originales des troubadours*. — Paris, Firmin-Didot, 1816-1821, 6 vol. in-8°. Tome IV, pp. 462-465.

D'après le ms. 856. — 67 vers seulement.

BARTSCH (Karl). *Chrestomathie provençale accompagnée d'une Grammaire et d'un Glossaire*. — 2e éd., Elberfeld, R. L. Friderichs, 1868. In-8°, col. 307-310. Edition donnée

(1) Bibliothèque de l'Ecole des Hautes-Etudes. Sciences philol. et histor., fasc. 74.

d'après le ms. 856 comparé avec le 22543. — 67 vers également.

MAHN (C. A. F.). *Die Werke der Troubadours, in provenzalischer Sprache, nach Raynouard, Rochegude, Diez und nach den Handschriften...* [1]. — Berlin. 1846 (t. I) : Berlin. Ferd. Duemmler. 1855 (t. II) et 1886 (t. III) : Berlin. Ferd. Duemmler. et Paris. F. Klincksieck. 1853 (t. IV). 4 vol. in-12. N° CXIII. t. III. pp. 290-291.

Bibliographie.

BARTSCH (Karl). *Grundriss zur Geschichte der provenzalischen Literatur.* — Elberfeld, R. L. Friderichs. 1872. In-8°. p. 184, n° 394. [Bibl. Université. Rés. Lh. 733].

BASTERO (Antonio). *La Crusca provenzale, ovvero le voci, frasi, forme e maniere di dire, che la... lingua toscana ha preso dalla provenzale... Aggiuntevi alcune memorie... intorno agli antichi poeti provenzali... particorlarmente circa alcuni di quelli... che furono di nazione catalana...* Opera di Don Antonio Bastero.... Volume primo. — Roma. stamp. di A. de' Rossi. 1724. In-fol°, p. 92.

CHABANEAU (Camille). *Les Biographies des Troubadours en langue provençale...* — Toulouse. Ed. Privat. 1885. Gr. in-4°, p. 170.

(*Histoire générale du Languedoc*. par Dom Claude DEVIC et Dom J. VAISSETTE. [Publiée par Edouard DULAURIER. continuée jusqu'en 1790 par Ernest ROSCHACH.]. — Toulouse. Ed. Privat. 1873-1905. 16 vol. in-4°. — Tome X. note 38. p. 377.).

CRESCIMBENI (G. M.). *L'Istoria della volgar poesia*. scritta da Gio. Mario Crescimbeni... — Venezia, presso Lorenzo Basegio. 1730-1731, 6 tomes en 3 vol. in-4°.

Vol. I, tome II. *Le Vite de' piu' celebri poeti provenzali scritte in lingua franzese* da Giovanni di Nostradama... *e trasportate nella Toscana, e illustrate e accresciute* dal canonico Gio. Mario Crescimbeni...., p. 207.

(1) [*Les œuvres des Troubadours, en langue provençale, d'après Raynouard, Rochegude, Diez et d'après les manuscrits.*]

EMERIC-DAVID (T. B.). *Raymond d'Avignon,* dans l'*Hist. litt. France,* t. XIX, pp. 614-615.

FARAL. *Mimes...*, avant-propos, p. XIV, note 1.

JACOBSEN, dans la *Rev. philol. franç. et litt.*, t. XXIII, p. 103.

JEANROY (Alfred). *Bibliographie sommaire des chansonniers provençaux (manuscrits et éditions).* — Paris, Champion, 1916. In-16. (Collection « *Les Classiques français du moyen âge* », 2e série : Manuels.) [Voir comptes-rendus par Cl. BRUNEL, dans la *Bibl. Ec. Chartes,* t. LXXVIII (1917), pp. 373-374, et par J.-J. SALVERDA DE GRAVE, dans *Neophilologus,* t. IV (1918-1919), p. 169.]

PICOT, dans *Romania,* t. XVI (1887), ch. VII, § 59, pp. 496-497.

CHAPITRE II

GÉNÉRATION SPONTANÉE DE L'ÉLÉMENT COMIQUE AU SEIN DU DRAME RELIGIEUX

Bibliographie.

FARAL. *Jongleurs...*, pp. 226-228.

JACOBSEN. *Com. France m. â.*, dans la *Rev. philol. franç. et litt.*, t. XXIV (1910), ch. VIII, pp. 1-17 : *Le drame religieux et le drame comique.*

LINTILHAC. *Hist. gén. théât. France*, t. II, pp. 21-24 et t. I, pp. 51-52.

PETIT DE JULLEVILLE. *Élément comique dans les mystères*, dans l'*Hist. lang. et litt. franç.*, t. II, pp. 412-413.

WILMOTTE (Maurice). *L'élément comique dans le théâtre religieux*, ch. III, pp. 93-126 de ses *Etudes critiques...* (Extrait des *Annales internationales d'Histoire.* — Congrès de Paris 1900, 6e section : *Histoire comparée des littératures*, pp. 49-69: « *La naissance de l'élément comique dans le théâtre religieux.* »)

CHAPITRE III

LE THÉÂTRE COMIQUE AU XIIIe SIÈCLE

§ I

Le *JEU DE LA FEUILLÉE*
Le *JEU DE ROBIN ET DE MARION* } d'ADAN DE LE HALE

§ II

Le *JEU DU PÈLERIN*

§ III

Le *JEU DU GARÇON ET DE L'AVEUGLE*

§ IV

Le *JEU DE PIERRE DE LA BROSSE*

Bibliographie générale.

AUBERTIN, *Hist. lang. et litt. franç. m. â.*, 2e éd. (1883), t. I, pp. 605-613 : « *Comment s'est constitué le théâtre comique, du XIIe au XVIe siècle.* — Première époque : *La comédie avant l'institution de la Bazoche et des Enfants-sans-souci (XIIe et XIIIe siècle).* »

DAUNOU. *Discours sur l'état des lettres en France au XIII*e s., pp. 410-418, et dans l'*Hist. litt. France*, t. XVI, pp. 241-245, art. « *Spectacles* ».

DUVAL (Amaury). *Discours sur l'état des beaux-arts en France au XIII*e s., dans l'*Hist. litt. France*, t. XVI, pp. 276-280 : *Jeux scéniques*.

LEGRAND D'AUSSY. *Fabliaux ou Contes* (3 éd., Renouard), t. II, pp. 219-221.

§ I

Le *JEU DE LA FEUILLÉE* Le *JEU DE ROBIN ET DE MARION*	d'ADAN DE LE HALE ou ADAM DE LA HALLE, surnommé le Bossu (1) d'Arras, où il naquit entre 1245 et 1250; mort à Naples, entre 1285 et 1289.

Le *JEU D'ADAN* ou *DE LA FEUILLÉE*.

Comédie bourgeoise, revue satirique et féerie. Jouée à Arras vers 1265.

Manuscrits.

Albi. Bibl. Municipale. Mss. Rochegude, n° 8 : « *Recueil de différents ouvrages en langue vulgaire des XII*e, *XIII*e *et XIV*e *siècles, copiés ou extraits de manuscrits du temps,* par de Rochegude (2). Paris, an IX. » Pp. 72, col. 4 (en tête) — 76, col. 4.
D'après le ms. 25566 de la Bibl. Nat. de Paris.
xixe s. Papier, 598 pp., 260 sur 200 mm. Relié maroquin rouge.

(1) Nés fu de ceste ville.
Maistres Adans li bochus estoit chi apelés
et là Adans d'Arras.
(*Jeu du Pèlerin*, v. 24-26.)

Mais à tort, s'il faut en croire Adan lui-même :
On mapele bochu, mais ie ne le suis mie.
(*Roy de Sezile*, v. 70.)

(2) Sur Henry de Rochegude, voir : Emile Jolibois, dans la *Revue du Tarn*, t. I (1877), p. 253; t. V (1885), pp. 100-102; t. VI (fév. et mars 1887), pp. 218-224 et 235-237.

(Voir : 1° Emile JOLIBOIS. *Les manuscrits de Rochegude*, dans la *Revue du Tarn* (1), août 1887, t. VI, pp. 324-325. — 2° Antoine THOMAS. *Les papiers de Rochegude à Albi*, dans *Romania*, t. XVII (1888), pp. 83-85. — 3°) *Catal. gén. bibl. publ. France. — Départements.* Nouvelle série, in-8°. Tome XL. Supplément, t. I, p. 90, n° 8. Paris, Plon-Nourrit, 1902.)

PARIS.

I/. Bibl. Nationale, fonds français.

1°) n° 837 (anc. 7218).

Fol. 250 v° *a*. « *le jeu Adan le boçu d'Arraz* ».

Fol. 251 v° *a*. « *Explicit uns geus* ».

Vers 1 à 174. Dialecte français.

Il n'y a que 174 vers et non 200 comme le dit le catalogue de la Bibliothèque Nationale: la différence est due sans doute à ce que, dans la 1re colonne du fol. 250 v°, chaque vers occupe deux lignes et même quatre pour les deux premiers vers.

(Sur ce ms., voir supra, p. 18.)

2°) n° 25566 (Chansons, jeux-partis et pièces satiriques diverses de trouvères du XIIIe siècle, pour la plupart artésiens et flamands.)

Fol. 48 v° *b*. (dernière ligne) : « *li ius Adan* ».

Fol. 59 v° *a*: « *explicit li ieus de le fuellie* ».

Ce manuscrit, en dialecte picard, contient toutes les œuvres d'Adan de le Hale : « *Les cancons* [*canchons, chancons*] *Adan de le Hale, ses partures, ses rondiaus, ses motés, li ius du pelerin, li ius de Robin et de marion, li ius Adan, dou roy de Sezile, ses congiés.* »

Fin du XIIIe s. Parch., miniatures, 283 ff. à 2 col., 255 sur 170 mm. Reliure maroquin vert. (Anc. La Vallière n° 81.)

(Sur ce ms., voir :)

Catalogue La Vallière, 1re partie, t. II, pp. 226 et 229-230, n° 2736: *Recueil de poésies et de prose du XIIIe siècle.*

(1) *Revue historique, scientifique et littéraire du département du Tarn (ancien pays d'Albigeois)*, publiée sous la direction d'Emile JOLIBOIS. — Albi, Nouguiès. In-4°.

fol. 250 v° a.

fol. 251 r°.

fol. 251 v° a.

ADAM DE LE HALE. — LE JEU DE LA FEUILLÉE.

Paris, Bibl. Nat., Mss. fonds franç., n° 837, ff. 250 v° [illegible] fol. 251 v° a.

TOBLER (Alfred). *Li dis dou vrai aniel. Die Parabel von dem ächten Ringe, französische Dichtung des dreizehnten Jahrhunderts, aus einer Pariser Handschrift zum ersten Male*, herausgegeben von Adolf Tobler. — 3e éd., Leipzig, S. Hirzel, 1912. In-8°, pp. V-XII. (1re éd., ibid., 1871.)

II. Bibl. de l'Arsenal.

1°) n° 3101 (anc. B. L. fr. 62,I) : « *Anciennes chansons françoises avant* 1300 ».

Copie fidèle des ff. 5 à 181 du ms. 1490 de la Bibliothèque du Vatican, copie faite pour La Curne de Sainte-Palaye (1), avec annotations de sa main. On y trouve (ff. 294-297) les vers 1 à 152 et 165 à 170 du *Jeu de la Feuillée*, débutant ainsi : « *C'est li coumencemens du jeu Adan le Boçu.* »

Ce ms. 3101 est du XVIIIe s., sur papier, 411 ff., 370 sur 240 mm.

2°) n° 2765, ff. 251-256.

Copie du ms. 837 de la Bibl. Nat.

ROME. Bibl. du Vatican, fonds de la reine Christine de Suède, n° 1490, ff. 132-133.

Au début : « *C'est li coumencemens du jeu Adan le Boçu.* »

Ce ms. ne donne que les vers 1 à 152 et 165 à 170.

Dialecte picard, XIVe s. Parch., 306 sur 210 mm. Gravement mutilé : anciennement 193 ff., aujourd'hui 181, à 2 colonnes, 31 lignes par col. Il comprend successivement des chansons, des pastourelles, des motets et rondeaux, des chansons Nostre-Dame et des jeux-partis. La table, qui occupe les ff. 1 à 4, a conservé la mention des pièces manquant. Reliure en peau rouge, aux armes de Pie IX.

(1) Jean-Baptiste de La Curne de Sainte-Palaye, érudit français, né à Auxerre, le 6 juin 1697 ; mort à Paris, le 1er mars 1781. Auteur d'un *Dictionnaire des antiquités françaises*, recueil de 40 vol. in-fol°, manuscrits acquis par l'historiographe Jacob-Nicolas Moreau pour la Bibliothèque du Roi. (Voir :)

DUPUY. *Eloge de M. de la Curne de Sainte-Palaye* (lu en 1781), dans les *Mémoires de l'Académie des Inscriptions et Belles-Lettres*, t. XLV, pp. 107-120. - Paris, Impr. Nat., 1793. In-4°.

Nécrologe (Le) *des hommes célèbres de France*, par une Société de Gens de Lettres, t. XVII, pp. 3-40. - Paris, Moutard, 1782. In-16.

WEISS (Charles), dans la *Biogr. Univ.* (MICHAUD), t. 37, pp. 294-295.

Ayant appartenu à Claude Fauchet (1530-†1601), puis à la reine Christine de Suède (1626-†1689), qui l'a légué au Vatican. Pour Paul Lacroix, au contraire, « le possesseur de ce manuscrit, Peyresc, ou P. Petau, a écrit au bas des pages une foule de notes, appuyées sur *l'Origine de la poesie françoise*, par Cl. Fauchet. » (Sur ce ms., voir:)

BRAKELMANN (Julius). *Die dreiundzwanzig altfranzösischen Chansonniers in Bibliotheken Frankreichs, Englands, Italiens und der Schweiz*, dans *Archiv neu. Sprach. u. Lit.*, 1868, t. XLII, pp. 60-61.

KELLER. *Romvart....* pp. 241-327, spécialement pp. 244-245 [description et extraits].

LACROIX (Paul). *Sur les manuscrits relatifs à l'histoire de France et à la littérature française conservés dans les bibliothèques d'Italie*, n° VII, pp. 48-50, des *Dissertations sur quelques points curieux de l'histoire de France et de l'histoire littéraire*, par P.-L. JACOB, bibliophile. — Paris, Techener, 1839. In-8°, et également dans les *Documents historiques inédits tirés des collections manuscrites de la bibliothèque royale et des archives ou des bibliothèques des départements*, publiés par J.-J. CHAMPOLLION-FIGEAC. — Paris, Firmin-Didot, 1841-1848, 4 vol. in-4°. Tome III (1847), p. 287.

LANGLOIS (Ernest). *Notices des manuscrits français et provençaux de Rome antérieurs au XVIe siècle*, t. XXXIII, 2e partie, pp. 157-159, des *Not. et extr. des MSS.* [liste de 25 pièces qui ne sont pas indiquées dans Raynaud.].

RAYNAUD (Gaston). *Bibliographie des chansonniers français des XIIIe et XIVe siècles*. — Paris, F. Vieweg, 1884, 2 vol. in-8°. Tome I, pp. 219-232 [description et table: notice rédigée sur la copie de l'Arsenal, ms. 3101.]. (Cf. Eduard SCHWAN, [compte-rendu] dans *Literaturblatt für germanische und romanische Philologie*, février 1885, t. VI, col. 64-65 [liste des pièces disparues avec les miniatures ou les feuillets enlevés au ms. Vat. 1490]. — Heilbronn, Gebr. Henninger, In-8°.)

Éditions.

BARTSCH-HORNING (1893)	LANGLOIS (1911 et 1923)
COUSSEMAKER (1872)	MONMERQUÉ (1828)
DOUHET (1854)	MONMERQUÉ et MICHEL (1839)
KELLER (1844)	RAMBEAU (1886)

MONMERQUÉ (L. J. N.). *Li Jus Adan ou de la Feuillié*, par *Adam de le Hale*. — Paris, Firmin-Didot. 1828. In-8°. (Mélanges publiés par la *Société des Bibliophiles français*. — Paris, Firmin-Didot, 1820-1829, 6 vol. in-8°. Tome VI, n° 1.)

Reproduction des mss. 837 et 25566 de la Bibliothèque Nationale de Paris et aussi du ms. 1490 du Vatican, mais ce dernier d'après la copie de La Curne de Sainte-Palaye.

MONMERQUÉ et MICHEL. *Théât. franç. moy. âge*, pp. 55-96.

Reprod. des mss. 25566 (avec trad. en prose) ; 837 et 1490 (ce dernier, d'après la copie de Sainte-Palaye).

(Cf. Charles MAGNIN, dans le *Journ. Sav.*, sept. 1846, pp. 544-558.)

KELLER. *Romvart...*, pp. 316-323. (174 premiers vers).

D'après le ms. 1490 du Vatican, complété par le 837 de la Bibl. Nat.

DOUHET. *Dict. Myst.*, col. 1231-1287.

Ms. 25566 (texte avec trad. en prose) ; mss. 837 et 1490 (texte seul).

COUSSEMAKER. *Œuv. compl. Adam de la Halle*, pp. 295-344.

Reprod. du ms. 25566.

RAMBEAU... *Adam de la Hale zugeschriebenen Dramen*, pp. 70-97.

Reprod. séparée et en entier des mss. 25566, 837 et 1490.

BARTSCH et HORNING. *Chrest. anc. franç.*, col. 378-382.

Les 174 premiers vers, d'après le ms. 25566.

LANGLOIS. *Adam le Bossu... Le Jeu de la Feuillée*, pp. 1-50 (éd. 1911 et 1923). D'après le ms. 25566, avec indication des variantes de 837 et 1490.

Traductions.

MONMERQUÉ et MICHEL. *Théât. franç. moy. âge*, pp. 55-92.

Trad. en prose du ms. 25566.

DOUHET. *Dict. Myst.*, col. 1232-1282.

Trad. en prose du ms. 25566 (moins les vers 125-152 et 258-270).

LANGLOIS (Ernest). *Adam le Bossu. Le Jeu de la Feuillée et le Jeu de Robin et Marion*, traduits par Ernest Langlois. — Paris, E. de Boccard, 1923. In-12. pp. 1-89 (trad. en prose). (Collection : « *Poèmes et Récits de la vieille France* ». [racontés en langue moderne], publiés sous la direction d'Alfred JEANROY. Tome I.)

LEGRAND D'AUSSY, dans ses *Fabliaux ou Contes* (3ᵉ éd., Renouard), t. II, pp. 204-207, a donné une imitation en prose, élégante sinon fidèle, des 174 vers du ms. 837, sous le titre suivant : « *le Mariage ou le Jeu d'Adam, le Bossu d'Arras* ». (Notes, pp. 207-210).

GASSIES DES BRULIES. *Anthol. Théât. franç. m. â. — Théâtre comique*, pp. 3-22. (Scènes principales, arrangées en vers français modernes et réunies par de courtes analyses.)

Le *JEU DE ROBIN ET DE MARION*.

Pastorale dramatique, au dialogue mêlé de chant et de musique : notre premier opéra-comique. Représenté pour la première fois à Naples, soit en 1283, à la cour de Charles d'Anjou, roi de Naples et de Sicile, soit, plus vraisemblablement, vers 1285, à la cour de Robert II, comte d'Artois, régent du royaume de Naples pendant la captivité de Charles II.

A Arras, première représentation vers 1290.

Manuscrits.

AIX-EN-PROVENCE. Bibl. Méjanes, n° 166 du catalogue d'Albanès (n° 162 du catalogue *imprimé* [1] de ROUARD et n° 572 de son catalogue *manuscrit*) : « *Mariage de Robin et de*

(1) Ce catalogue est une publication restée inachevée; 8 feuilles seulement furent *imprimées*, de la page 1 à 128, petit in-8°. Il ne porte ni titre, ni faux-titre, et par conséquent aucun nom d'éditeur. Le catalogue *manuscrit* se trouve, au complet, à la Bibliothèque Méjanes.

Marote. Espece de bergerie » (titre mis au XVIIIe s., lorsque le ms. fut restauré avec soin et relié maroquin rouge, tranches dorées). Suit le nom des 7 interlocuteurs : *Auburs* chevalier. *Marotte, Robin, Huart, Gautier, Perrette* et *Baudoul*. A la fin de la pièce, on lit seulement : « *Explicit de Robin et Marion* ».

On trouve, d'abord, le texte seul écrit aux recto et verso des ff. 1 et 2 et au r° du fol. 3, puis le texte avec notation en plain-chant sur 11 ff. vélin, numérotés de I à XI (280 sur 200 mm.). Ecriture minuscule gothique du XIVe s. Dans les marges, à droite et à gauche du texte, et illustrant chaque scène, nombreuses miniatures (130 environ) à personnages. Quoique beaucoup soient endommagées, elles présentent un très réel intérêt pour l'histoire de l'art et l'histoire du costume au XIIIe siècle. (Sur ce ms., voir :)

ALBANÈS (Abbé). *Catal. gén. mss. bibl. publ. France. — Départements.* (Nouvelle série, in-8°). Tome XVI, pp. 100-102, n° 166.

ROUARD (Etienne). *Catalogue des manuscrits de la Bibliothèque Méjanes.* Petit in-8° (inachevé), pp. 110-113, n° 162, et *Notice sur la Bibliothèque d'Aix, dite de Méjanes*, précédée d'un *Essai sur l'histoire littéraire de cette ville, sur ses anciennes bibliothèques publiques, sur ses monuments*, etc... — Paris, Firmin-Didot, 1831. In-8°, p. 165.

ALBI. Bibl. Municipale. Mss. Rochegude, n° 8, pp. 68 (col. 1)-72 (col. 1). D'après les mss. 1569 et 25566 de la Bibliothèque Nationale de Paris.

PARIS. Bibl. Nat., fonds français.

1°) n° 1569 (anc. 7604).

A la suite de « *li romans de la Rose* », par Guillaume de LORRIS et Jehan CLOPINEL DE MEUN. Fol. 140 r° a : « *Li Jeus du b[er]gier et de la b[er]giere* » — fol. 144 v° *b*. Manquent les onze derniers vers.

Dernières années du XIIIe s. Incomplet à la fin; vélin, miniatures, lettre ornée, 144 ff. à 2 col., 276 sur 190 mm.

2°) n° 25566.

Fol. 39 r° *a*. «*Chi comenche li gieus de robin et de marion c'adans fist* » — fol. 48 v° *b*.

(Sur ce ms., voir : 1° supra, pp. 70-71. — 2° *Catal. La Vallière*, 1re partie, t. II, pp. 226 et 229, n° 2736.)

On trouve dans ce ms. 25566 trois interpolations :

A) 10 vers, qui existent aussi dans le 1569, mais qui manquent dans le ms. d'Aix (vers 405-414 de l'éd. RAMBEAU, p. 12; 416-425 de l'éd. LANGLOIS (1), p. 25) :

Robins.

Dieus! con ie seroie ià preus
Se li cheualiers reuenoit !
.. ..

Robins.

Trois fois leur escapai tous.

B) 70 vers, qui ne figurent pas plus dans le ms. 1569 que dans celui de la Bibliothèque Méjanes (éd. RAMBEAU, pp. 62-63, vers 688-757; éd. LANGLOIS, appendice II, pp. 76-80). Depuis :

Warniers.

Robin, ou vas tu ?

Robins.

A Bailues.
.. ..

jusqu'à :

Robins.

Alons ent.

Warniers.

Alons.

Rogaus.

Passe auant...

c'est-à-dire toute la scène de Warniers, Guios et Rogaus, personnages que l'on ne trouve pas dans les mss. 1569 et d'Aix.

(1) L'édition Langlois citée ici est celle de 1924 (Paris, Champion).

C) 18 vers (783 à 800 de l'éd. RAMBEAU, pp. 64-66; éd. LANGLOIS, appendice III, pp. 81-82), commençant :

Robins.

Or faisons tost feste de nous

.. ..

et finissant à ce vers de :

Marions.

Robin dous ami cha te main.

Par contre, il y a dans le ms. 166 de la Bibliothèque Méjanes :

A) (fol. IV) 6 vers (entre les vers 207 et 208 de l'éd. RAMBEAU, p. 30; 214-219 de l'éd. LANGLOIS, pp. 12-13), qui ne sont pas dans les deux autres mss.

Marote.

Robin par lame ton pere
ses tu fere le touret ?

Robin.

Ouil par lame ma mere
rail en moi biau uallet.
Deuant et derrière.
bele. deuant et derrière.

B) (fol. VI v° et avant le vers 390 dans l'éd. RAMBEAU, p. 42) :

Ma[r]ot.

Robin.

Robi[n].

Marot.

[M]arot.

Editions.

BARTSCH-HORNING (1887)	MEYER (1877)
CONSTANS (1906)	MONMERQUÉ (1822)
COUSSEMAKER (1872)	MONMERQUÉ et MICHEL (1839)
DOUHET (1854)	RAMBEAU (1886)
LANGLOIS (1896 et 1924)	RENOUARD (1829)

MONMERQUÉ (L. J. N.). « *Li Gieus de Robin et de Marion* », par *Adam de le Hale*, précédé du « *Jeu du Pèlerin* ». —

Paris. F. Didot. 1822. In-8°.
(Mélanges publiés par la *Société des Bibliophiles français.* — Paris, Firmin-Didot. 1820-1829. 6 vol. in-8°. Tome II. n° 1.)
Edition accompagnée de la musique. *Observ. prélim.*, pp. 4-10 et 19-20.

RENOUARD (Antoine-Augustin). *Choix et extraits d'anciens fabliaux.* Appendice à la 3e éd. des *Fabliaux ou Contes* de LEGRAND D'AUSSY, t. II, pp. 1-15. D'après le ms. 25566. (Cf. RAYNOUARD. dans le *Journ. Sav.*, avril 1830. p. 201.)

MONMERQUÉ et MICHEL. *Théât. franç. moy. âge.* pp. 102-135. Reprod. du ms. 25566 (avec trad. en prose). en indiquant les variantes tirées du ms. 1569.
(Cf. Charles MAGNIN, dans le *Journ. Sav.*, oct. 1846. pp. 626-637.)

DOUHET. *Dict. Myst.*, col. 1459-1521.
Reprod. du ms. 25566. avec trad. en prose (cf. col. 1455-1458) et indication des variantes du ms. 1569.

COUSSEMAKER. *Œuv. compl. Adam de la Halle*, pp. 345-412. Reprod. du ms. 25566. avec les variantes du texte et de la musique du ms. d'Aix-en-Provence.

MEYER (Paul). *Recueil d'anciens textes bas-latins, provençaux et français*, accompagnés de deux *Glossaires* et publiés par Paul Meyer. — Paris. F. Vieweg. 1877. In-8°. pp. 383-384.
Les 104 premiers vers, d'après les mss. 25566 et 1569.

RAMBEAU... *Adam de la Hale zugeschriebenen Dramen*, pp. 16-70.
Reprod. séparée et en entier du ms. 25566. de celui d'Aix-en-Provence et du 1569. (Cf. LANGLOIS. *Le Jeu de Robin et de Marion*, préf., p. 11, note 1.)

BARTSCH et HORNING. *Lang. et litt. franç.*, col. 523-548.
D'après les mss. 25566 et 1569.

LANGLOIS. *Le Jeu de Robin et Marion...*
Texte et traduction presque littérale (en vers), explication des jeux de scène, commentaire, musique. Le texte a été établi après comparaison méthodique des 3 mss. Ernest Langlois a supprimé une centaine de vers interpolés dans le ms. 25566 : 70, après le vers 698 de son édi-

tion, p. 114 (vers 687, p. 62 de l'édit. Rambeau) et 18, après le vers 723, p. 118 (vers 782, p. 64 de l'édit. Rambeau). Mais il en a conservé 6, qui se trouvent seulement dans le ms. d'Aix et qui sont les vers 214-219, p. 56 (reproduits aussi dans l'éd. Rambeau, p. 30, entre les vers 207 et 208).

CONSTANS (Léopold). *Chrestomathie de l'ancien français (IXe-XVe siècles)*, précédée d'un *Tableau sommaire de la Littérature française au Moyen Age*, suivie d'un *Glossaire étymologique détaillé*. — 3e éd., Paris et Leipzig, H. Welter, 1906. In-4°, pp. 126-128.

Vers 1 à 104 (1-96 dans l'éd. Rambeau, pp. 16-22; 1-100 dans l'éd. Langlois, pp. 1-6) et vers 105 à 149 (Rambeau : 111-155, pp. 24-26; Langlois : 115-159, pp. 7-9). Voir aussi p. 22 (col. 2) de cette *Chrestomathie*.

D'après les mss. 25566 et 1569.

LANGLOIS. *Adam le Bossu... Le « Jeu de Robin et Marion »*, suivi du « *Jeu du Pèlerin* »..., pp. 1-51.

Traductions.

MONMERQUÉ et MICHEL. *Théât. franç. moy. âge*, pp. 102-135.

Trad. en prose du ms. 25566.

DOUHET. *Dict. Myst.*, col. 1460-1522.

Trad. en prose du ms. 25566.

BOVY (Arthur). *Les Romans du Moyen-Age. (XIIe siècle). Aucassin et Nicolette. Adam de la Halle (XIIIe siècle). Le Jeu de Robin et de Marion.* Traduction d'Arthur BOVY. — Bruxelles, Société belge de librairie, 1898. In-8°.

P. 65, est donné le titre : *Adam de la Halle (XIIIe siècle). Le Jeu de Robin et de Marion. Le premier Opéra-comique français, représenté pour la première fois devant la Cour de Naples en* 1283.

Pp. 67-128 : traduction en prose moderne. La note 1 de la p. 67 dit : « nous ne traduisons pas le prologue anonyme, d'ailleurs très faible et très grossier, qui précède le *Jeu de Robin et de Marion* dans les manuscrits ».

Il n'y a qu'une seule notice, occupant les pp. V et VI (donc avant le texte d'*Aucassin et Nicolette*). Cette notice ne contient que quelques indications très sommaires sur la forme du texte des deux œuvres (prose, genre de vers), et rien sur l'auteur; elle est essentiellement consacrée au genre de traduction adopté (prose). On trouve aussi quelques vagues détails sur la mise en scène.

Langlois (Ernest). *Adam le Bossu. Le Jeu de la Feuillée et le Jeu de Robin et Marion*, traduits par Ernest Langlois. — Paris, E. de Boccard, 1923. In-12, pp. 91-159 (trad. en prose).
(Collection : « *Poèmes et récits de la vieille France* », publiés sous la direction d'Alfred Jeanroy. Tome I.)

Legrand d'Aussy, dans ses *Fabliaux ou Contes* (3e éd., Renouard), t. II, pp. 193-201, a donné, sous le titre : « *le Jeu du berger et de la bergère* », une analyse et des extraits en prose, d'après le ms. 1569. (Notes, pp. 192, 201, 220 et 221.)

Gassies des Brûlies. *Anthol. Théât. franç. m. â. — Théâtre comique*, pp. 29-69. (Arrangement de toute la pièce en vers français modernes.)

Accompagnements de piano
pour la musique du *JEU DE ROBIN ET DE MARION*.

Tappert (Wilhelm). *Zwei Lieder aus dem Singspiel Robin und Marion von Adam de la Hale...* — Berlin, C. A. Challier, 1874.

Weckerlin (J. B.). *Ci commence le Jeu de Robin et de Marion qu'Adam fit : Premier essai d'opéra-comique par Adam de la Halle* (1275), publié avec un accompagnement de piano par J. B. Weckerlin. — Paris, Durand et Schoenewerk, 1888. Gr. in-8°.

Bibliographie générale sur ADAN DE LE HALE.

Ambros. *Gesch. Musik*, t. II, pp. 253-254.

Aubertin. *Hist. lang. et litt. franç. m. â.*, t. I, pp. 608-612.

Bédier (Joseph). *Les commencemens du théâtre comique en France*, dans la *R. D. M.*, 15 juin 1890, 3e période, t. 99, pp. 869-897.

BENOISTON DE CHATEAUNEUF. *Ess. poés. et poèt. franç. XIIe-XIVe s.*, pp. 102-103.

BERGER. *Framställning af det Franska Medeltidsdramats Utvecklingsgång...*, pp. 63 et 71-80.

BLÉMONT (Emile). *Adam de la Halle. Le poète*, dans la *Revue du Nord*, 1er et 15 juillet 1896, pp. 12-21.

CLÉDAT (Léon).

1°) *Œuv. dram. Adam de la Halle*, dans la *Rev. philol. franç. et provenç.*, 1895, t. IX, pp. 241-268.

2°) *Poés. lyr. et satir.*, pp. 221-224 ; 36-37 et 179 (*pastourelle*) ; 37-40 (*motet*).

COUSSEMAKER. *Œuv. compl. Adam de la Halle*, préface, pp. V-XI, et introduction, pp. XIII-LXXIV.

CREIZENACH. *Gesch. neu. Dram.*, t. I, pp. 393-397.

CRÉPET. *Poèt. franç.*, t. I, pp. 192-200.

DAUNOU. *Discours...*, pp. 363-364, et dans l'*Hist. litt. France*, t. XVI, p. 213.

DINAUX. *Trouvères...* I. *Trouvères cambrésiens*, pp. 45-71 (49-57 et 58).

(Cf. RAYNOUARD, dans le *Journ. Sav.*, juin 1834, pp. 345-347... — compte-rendu critique de la 2e éd., Valenciennes, A. Prignet. 1833. In-8°.)

DOUHET. *Dict. Myst.*, col. 1228-1231.

DU ROURE. *Analectabiblion*,... t. I, pp. 123-126.

DUVAL (Amaury). *Discours...*, dans l'*Hist. litt. France*, t. XVI, pp. 277-280.

Esprit du Mercure de France, depuis son origine jusqu'en 1792. — Paris, Barba, 1810. In-8°, t. III, pp. 59-60 : *Observations critiques sur les « Fabliaux ou Contes... des XIIe et XIIIe siècles »* (de Legrand d'Aussy).

FARAL (Edmond). *Le théâtre comique [au moyen âge, XIIe et XIIIe s.]*, dans l'*Hist. Litt. franç. ill.* de BÉDIER et HAZARD, t. I, pp. 63-64.

FOPPENS (Jean-François). *Bibliotheca belgica, sive virorum in Belgio vitâ scriptisque illustrium catalogus librorumque nomenclatura, continens scriptores a clariss. viris Valerio Andrea, Auberto Miraeo, Francisco Sweertio aliisque recensitos usque ad annum* 1680... cura et studio Joannis Francisci Foppens. — Bruxellis, per Petrum

Foppens. 1739, 2 vol. in-4°. Tome I. p. 4, col. 1 (art. *Adamus le Bossu*).

GRÖBER. *Grundriss roman. Philol.*, t. II. 1re partie. A, p. 29. et B. pp. 839-840. 959-961. 970 et 978-981.

GUY (Henry).

1°) *Essai sur Adan de le Hale.*

2°) *Le trouvère Adan de le Hale.* — Paris. Albert Fontemoing. 1900. In-8°. (*Bibliothèque de bibliographies critiques*, publiées par la *Société des études historiques*, fasc. I.)

HELFENBEIN (Ferdinand). *Die Sprache des Trouvère Adan de la Halle aus Arras.* — Halle a. S., Ehrhardt Karras. 1911. In-8°. (Extrait de *Zeitschrift f. roman. Philol.* — Halle. Max Niemeyer, 1911. In-8°, t. 35, pp. 309-363 et 397-435.)

HÉRICOURT et GODIN. *Les Rues d'Arras*, t. II. pp. 190 et suiv. « *Rue Maître-Adam* ».

HERRIG et BURGUY. *Orig. et prem. dévelop. lang. et litt. franç.*, dans *Archiv neu. Sprach. u. Lit.*, 1856. t. 19. p. 289.

JACOBSEN. *Coméd. France m. â.*, dans la *Rev. philol. franç. et litt.*, t. XXIV (1910), pp. 81-87. 89 et 92.

JEANROY (Alfred), pp. 448-451 de l'*Histoire des Lettres (des origines à Ronsard)*, par François PICAVET, Joseph BÉDIER et Alfred JEANROY. — Paris, E. Plon, 1921. In-4°. (Collection de l' « *Histoire de la Nation française* ». publiée sous la direction de Gabriel HANOTAUX. — Tome XII.)

Journ. gén. Instr. publ., 14 janvier 1836. p. 173 [compte-rendu du cours de Charles MAGNIN sur « *Les Origines du théâtre en Europe* ».]

KREYSSIG (Friedrich). *Geschichte der französischen Nationalliteratur, von ihren Anfängen bis auf die neueste Zeit.* von Fr. Kreyssig. 6te Aufläge. in zwei Bänden. gänzlich umgearbeitet von Dr. Adolf KRESSNER und Prof. Dr. Joseph SARRAZIN (1). Tome I : *Geschichte der französischen Nationalliteratur, von den ältesten Zeiten*

(1) [*Histoire de la littérature nationale française, depuis ses origines jusqu'à présent*, par Fr. Kreyssig, 6e éd. en 2 vol., entièrement refondue par Kressner et Sarrazin.]

bis zum sechzehnten Jahrhundert, bearbeitet von Adolf Kressner (1)... — Berlin, R. Stricker. In-8°, p. 213.

LANGLOIS (Ernest).

1°) *Introduction* à la 2e édit. du « *Jeu de la Feuillée* ». pp. III-VIII.

2°) *Introduction* à la 1re édit. du « *Jeu de Robin et Marion* » (Fontemoing. 1896), pp. 2-12.

LANSON. *Hist. Litt. franç.*, pp. 199-201, et dans l'*Hist. ill. Litt. franç.*, t. I, pp. 150-151.

LAVOIX (Henry), fils. *Adam de la Halle ou de la Hale*, dans la *Grande Encyclopédie*, t. I, pp. 528-529.

LENIENT. *La Satire...*, pp. 66-70.

LINTILHAC. *Hist. gén. théât. France*, t. II, pp. 23, 60-92 et 160.

MALLORTIE (de). *Le Théâtre français au moyen âge, Adam de la Halle*, dans les *Mémoires de l'Académie des sciences, lettres et arts d'Arras* (2), 1891, 2e série, t. XXII, pp. 307-338.

MONMERQUÉ. *Notice sur Adam de la Halle*, pp. 21-31 du *Théât. franç. moy. âge*.

MORTENSEN. *Medeltidsdramat i Frankrike*, trad. Em. PHILIPOT (1903), pp. 204-217.

NEUMANN (Carl). *Der Formenbau des Nomens und Verbums in den Dramen Adams de la Hale : « Li gieus de Robin et de Marion » und « Li jus Adan »*, mit *Berücksichtigung seiner « Canchons »* und einem *Wortindex der Dramen* (3). — Kiel, H. Fiencke, 1910. In-8°.

PARIS (Gaston). *Litt. franç. m. â.*, 6e éd. (1923), §§ 131-134, pp. 209-214.

PARIS (Paulin).

1°) *Adam de la Halle*. dans l'*Hist. litt. France*, t. XX, pp. 638-675 et 796-798.

2°) *Adam de la Halle*, dans l'*Encyclopédie catholique* (4), t. I, pp. 337-339.

(1) [*jusqu'au XVIe siècle*, remaniée par Adolf Kressner.]

(2) Arras, Rohard-Courtin. In-8°.

(3) [*La structure des formes du nom et du verbe dans les pièces d'Adam de la Halle...*]

(4) Répertoire universel et raisonné des sciences, des lettres, des arts et des métiers, formant une bibliothèque universelle, et comprenant, avec

3°) *Lettre à M. de Monmerqué sur les « Romans des douze pairs de France »*, en tête de cet ouvrage, n° I. — Paris, Techener, 1832. In-8°, p. XLI.

PASSY (Louis). *Fragments d'Histoire littéraire à propos d'un nouveau manuscrit de chansons françaises*, dans la *Bibl. Ec. Chart.*, t. XX (1859), pp. 499-501.

PETIT DE JULLEVILLE (Louis).
1°) *La Comédie...*, pp. 16-39.
2°) *Hist. lang. et litt. franç.*, t. II, pp. 123-124 et 438.
3°) *Répertoire...*, pp. 19 et 20-23.
4°) *Le Théâtre en France*, pp. 9-12.

PRÖLLS. *Gesch. neu. Dram.*, vol. I, 1re partie, pp. 100-106.

RAMBEAU... *Adam de la Halle zugeschriebenen Dramen. Vorwort*, pp. 1-3: *Einleitung*, pp. 3-11.

SAINTSBURY (George). *A short history of french literature*. — Oxford, Clarendon Press, 1884. Pet. in-8°, pp. 69-71 et 115-116.

SCHIÖTT (Julius). *Beiträge zur Geschichte der Entwickelung der mittelalterlichen Bühne*, dans *Archiv neu. Sprach. u. Lit.*, t. 68 (1882), pp. 135, 136 et 153.

STECKER (J.). *Adam de la Halle*, dans la *Biographie Nationale de Belgique* (1), t. VIII (1884-1885), col. 639-645.

SUCHIER et BIRCH-HIRSCHFELD. *Gesch. franz. Lit.*, pp. 190-191 et 278-280.

TIVIER. *Hist. litt. dram.*, pp. 129-156 et 193.

WALCKENAER (C.). *Adam de la Hale ou de la Halle*, dans la *Biogr. Univ.* (Michaud), t. I, pp. 142-144.

Bio-bibliographie.

GUY. *Essai sur... Adan de le Hale*, pp. 3-200.

MADOS (Jehanes) [Jean Madot.]. Paris, Bibl. Nat., MSS., fonds franç., n° 375 (anc. 6987), fol. 119 v° *a*. — A la

des traités particuliers sur chaque matière, tous les dictionnaires spéciaux. Publiée sous la direction de l'abbé GLAIRE, du comte WALSH et d'un comité d'orthodoxie. - Paris, Parent-Desbarres, 1839-1848, 18 vol. in-4°.

(1) Publiée par l'Académie Royale des sciences, des lettres et des beaux-arts de Belgique. - Bruxelles, Bruylant-Christophe, In-8°.

suite du *Roman de Troies* de BENOIT DE SAINTE-MORE, une petite pièce énonçant le nom de l'écrivain : « *Jean Madot, neveu d'Adam le Bossu d'Arras* », et la date de la copie : « 1288 ». Vélin, dessins coloriés, 346 ff., 390 sur 210 mm. (Voir:)

CRÉPET. *Poèt. franç.*, t. I, pp. 199-200. [Trad. des vers de Jean Madot en prose franç. mod.].

PARIS (Paulin). *Mss. franç. Bibl. Roi*, t. III, pp. 192-194. [Avec les vers de Madot.]

Bibliographie particulière au « *JEU DE LA FEUILLÉE* ».

BAHLSEN. *Adam de la Hale's Dramen*... pp. 24-92.

BÉDIER (Joseph). *Les Fêtes de Mai et les commencemens de la poésie lyrique au moyen âge*, dans la *R. D. M.*, 1er mai 1896, 4e période, t. 135, pp. 146-172.

CLOETTA (Wilhelm). *Zu Jean Bodel (Adam de la Halle und Baude Fastoul)*, dans *Archiv neu. Sprach. u. Lit.*, 1893, t. 91, pp. 52-54.

COUSSEMAKER. *Œuv. compl. Adam de la Halle*, introd. pp. XLIX-LII.

FAUCHET (Claude). *Adam le Bossu.*

1°) dans *Recueil orig. lang. et poés. franç.*, pp. 196-197, ch. CXXI.

2°) dans *Les Œuvres de feu M. Claude Fauchet, premier président en la Cour des Monnoyes,*... reveues et corrigees en ceste dernière édition... — Paris, David le Clerc et Jean de Heuqueville, 1610. In-4°, fol. 588.

GUESNON (A.).

1°) *Adam de la Halle et le Jeu de la Feuillée, date de la pièce, son caractère, son attribution.* — Paris, Ed. Champion, 1917. In-8°. (Extrait du *Moyen Age*, janv.-juin 1916, 2e série, t. XIX (t. XXVIII de la collection), pp. 173-233.) [Compte-rendu par K. SNEYDERS DE VOGEL, dans *Neophilologus*, tome III (1917-1918), pp. 374-378]. (Voir aussi l'article d'Ernest LANGLOIS: « *Gaston Paris et l'auteur du Jeu de la Feuillée* », dans *Romania*, t. XLVIII (1922), pp. 279-283.)

2°) *Nouvelles recherches biographiques sur les trouvères artésiens*, dans le *Moyen Age*, mai-juin 1902, p. 145, n° 9 « *Jean Mados* »: pp. 146-147, n° 11 « *Rikier Amion* » et pp. 170-173, n° 25 « *Adam le Bossu, dit de la Halle* ».

3°) *La Satire à Arras au XIII siècle*. — Paris, Emile Bouillon, 1900. In-8°, pp. 3 et 21. (Extrait du *Moyen Age*, année 1899, mars-avril, pp. 156-168; mai-juin, pp. 248-268; et année 1900, janv.-fév., pp. 1-34; mars-avril, pp. 117-168.)

Guy. *Essai sur... Adan de le Hale*, pp. 336-484.

Klein. *Gesch. Dram.*, t. IV, pp. 125-127 : *Die Heirath* (analyse et extraits en prose traduits d'après Legrand d'Aussy).

La Croix du Maine et Du Verdier. *Biblioth. franç.*, t. I, pp. 4-5 et t. III, pp. 14-17 (articles « *Adam le Bossu* »).

Langlois (Ernest).

1°) *Notes sur le « Jeu de la Feuillée » d'Adam le Bossu*, dans *Romania*, t. XXXII (1903), pp. 384-393.

2°) *Introduction* à la 2e édit. du « *Jeu de la Feuillée* », pp. VIII-XX.

3°) *Introduction* à la 1re édit. du « *Jeu de Robin et Marion* » (Fontemoing, 1896), pp. 12-16.

Lavoix (Henry), fils. *Musique franç.*, pp. 42-43.

Lenient. *La Satire...*, pp. 321-327.

Paris (Paulin).

1°) *Adam de la Halle*, dans l'*Hist. litt. France*, t. XX, pp. 642-650.

2°) *Mss. franç. Bibl. Roi*, t. I, pp. 322-325 (à propos de *Hellequin*).

Petit de Julleville. *Les Comédiens...*, pp. 46-49.

Raynaud (Gaston). *La Mesnie Hellequin*.

1°) dans *Etudes romanes dédiées à Gaston Paris...*, p. 54.

2°) dans *Mélanges de Philologie romane*. — Paris, H. Champion, 1913. In-8°, pp. 4-5.

Royer. *Hist. univ. théâtre*, t. I, pp. 139-144.

Sepet. *Observations sur le « Jeu de la Feuillée » d'Adam de la Halle*.

1°) dans *Etudes romanes dédiées à Gaston Paris...*, pp. 69-81.

2°) dans *Orig. cathol. théât. mod.*, pp. 398-417.

Witkowski. *Les Médecins au théâtre...*, pp. 66-67 et 407-414.

Bibliographie particulière au « *JEU DE ROBIN ET DE MARION* ».

AMBROS. *Gesch. Musik*, t. II, p. 293 (note 4) et pp. 323-327.

BAHLSEN. *Adam de la Hale's Dramen...*, pp. 93-163.

BENOISTON DE CHATEAUNEUF. *Ess. poés. et poèt. franç. XIIe XIVe s.*, pp. 104-106 : *Jeu du berger et de la bergère.*

BLONDEAU (Auguste L.). *Histoire de la musique moderne depuis le premier siècle de l'ère chrétienne jusqu'à nos jours.* — Paris, Tantenstein et Cordel, 1847, 2 vol. in-8°. Tome I, p. 262.

BOTTÉE DE TOULMON. *Adam de la Halle, musicien.*

1°) dans la *Gazette Musicale de Paris*, 18 déc. 1836, t. 3, pp. 441-445.

2°) pp. 49-54 du *Théât. franç. moy. âge*, de MONMERQUÉ et MICHEL.

BOYSSE, dans la *Rev. Contemp.*, 31 déc. 1869, 2e série, t. 72, pp. 658-659.

BRENDEL (Franz). *Geschichte der Musik in Italien, Deutschland und Frankreich, von den ersten christlichen Zeiten bis auf die Gegenwart* (1). 7e édit., [publiée par le Dr Wilhelm KIENZL.]. — Leipzig, Heinrich Matthes (W. H. Voigt), 1889. In-8°, pp. 17-18. (1re éd., Leipzig, B. Hinze, 1852. In-8°.)

CHOUQUET (Gustave). *Histoire de la musique dramatique en France depuis ses origines jusqu'à nos jours.* — Paris, F. Didot, 1873. In-8°, pp. 33-38.

COUSSEMAKER.

1°) *L'Art harmonique aux XIIe et XIIIe s.*, pp. 87-88, 180-181, 190, 193-195, 229-230 (texte de la composition harmonique) et 284.

3e partie. *Monuments.* a) n° XXVIII, pp. LVI-LVII (composition en notation originale). — b) n° 28, pp. 71-72 (traduction en notation moderne).

2°) *Œuv. compl. Adam de la Halle*, introd., pp. LII-LIV et LXV-LXVIII.

(1) [*Histoire de la musique en Italie, en Allemagne et en France, depuis les premiers temps de l'ère chrétienne jusqu'à nos jours.*]

Deullard (Max). Extraits de la presse de Paris et du Nord sur *Le « Jeu de Robin et Marion » et les fêtes d'Arras*, dans la *Revue du Nord*, 1er et 15 juillet 1896, pp. 25-38.

Du Cange. *Gloss. med. et inf. lat.*, éd. Favre, t. VII, p. 200 (col. 2-3), au mot « *Robinetus* », et t. VI, p. 262 (col. 1 et 2), au mot « *Pentecoste* ».

Eitner (Rob.). *Biographisch-bibliographisches Quellen-Lexikon der Musiker und Musikgelehrten der christlichen Zeitrechnung bis zur Mitte des neunzehnten Jahrhunderts* (1). — Leipzig, Breitkopf und Haertel, 1900-1904. 10 vol. in-8°. T. I. p. 38.

Faral (Edmond). *La pastourelle*, dans *Romania*, tome XLIX (1923), pp. 204-259.

Fétis (François-Joseph).

1°) *Biographie universelle des musiciens et bibliographie générale de la musique....* — 2e éd. (2), Paris, Firmin-Didot, 1860-1865, 8 vol. in-8°. T. I, pp. 12 et 13. Puis aussi : *Supplément* et *Complément* publiés sous la direction d'Arthur Pougin... — Paris, Firmin-Didot, 1878-1880, 2 vol. in-8°. T. I. pp. 4-6 [sur l'édition Coussemaker].

2°) dans la *Revue Musicale* (3), t. I (fév. 1827), pp. 9-11 et t. III (1828), p. 529: *Sur l'opéra-comique.*

Guy. *Essai sur... Adan de le Hale.* pp. 485-532.

Héricourt et Godin. *Les Rues d'Arras...*, t. I, pp. 265-269.

Hüffer (F.). *Adam de la Halle oder de le Hale*, dans *Mendel's musik. Convers.- Lex.*, t. I, pp. 34-36.

Jeanroy (Alfred). *Les origines de la poésie lyrique en France au moyen-âge.* Etudes de littérature française et comparée, suivies de textes inédits. — Paris, Hachette, 1889. In-8°. ch. I, pp. 1-43 : *la Pastourelle.*

(Cf. Gaston Paris, dans le *Journ. Sav.*, nov. et déc. 1891, pp. 674-688 et 729-742, et année 1892, pp. 155-167 et 407-429.)

(1) [*Dictionnaire des sources de la biographie et de la bibliographie des musiciens et des musicographes, depuis le commencement de l'ère chrétienne jusqu'au milieu du XIXe siècle.*]

(2) 1re éd. - Bruxelles, Leroux, 1835-1844, 8 vol. in-8°.

(3) Publiée par F.-J. Fétis. - Paris. In-8°.

KLEIN. *Gesch. Dram.*, t. IV, pp. 119-123 : *Das Schäferspiel* (analyse et extraits en prose traduits d'après LEGRAND D'AUSSY.).

KRESSNER (Adolf). *Beiträge zur Geschichte der Pastoraldichtung*, dans *Archiv neu. Sprach. u. Lit.*, 1881, t. 66, p. 313.

LANGHANS (Dr. W.). *Frankreich-französische Musik*, dans *Mendel's musik. Convers. - Lex.*, t. IV, p. 23.

LANGLOIS (Ernest).

1°) *Interpolations du « Jeu de Robin et Marion »*, dans *Romania*, t. XXIX (juillet 1895), pp. 437-446.

2°) *Préface*, pp. I-IV et *Introduction* à la 1re éd. du « *Jeu de Robin et Marion* » (Fontemoing, 1896), pp. 1-32.

3°) *Introduction* à la 2e éd. du « *Jeu de Robin et Marion*, suivi du *Jeu du Pèlerin* » (Champion, 1924), pp. III-X.

LAVOIX (Henry), fils.

1°) *Musique franç.*, pp. 42-44 et 46.

2°) *Etude sur la musique au siècle de saint Louis*, t. II, pp. 242-243, 279, 293, 352-353, 366-367 et 371 de l'ouvrage de Gaston RAYNAUD : *Recueil de motets français des XIIe et XIIIe siècles*, publiés d'après les manuscrits... — Paris, F. Vieweg, 1881-1883, 2 vol. in-16. (Tomes I et II de la « *Bibliothèque française du moyen âge* ».)

LEROY (Onésime). *Histoire comparée du théâtre et des mœurs en France dès la formation de la langue.* — Paris, Hachette et Amyot, 1844. In-8°, pp. 97-112.

MEIENREIS (Richard). *Adam de la Hale's Spiel « Robin und Marion » und letzteren Stellung in der Entwickelung der dramatischen und musikalischen Kunst.* — München, M. Ernst, 1893. In-8°.

MÉNIL (F. de). *Adam de la Halle. Le musicien*, dans la *Revue du Nord*, 1er et 15 juillet 1896, pp. 21-24.

MÉRAY. *La Vie au temps des Trouvères*,... pp. 178-180.

MICHEL (Francisque). *Choix de motets et de pastourelles du XIIIe siècle, dont le sujet roule sur les amours de Robin et de Marion*, pp. 31-48 du *Théât. franç. moy. âge*, de MONMERQUÉ et MICHEL. Reproduit par DOUHET. *Dict. Myst.*, note 967, col. 1457-1478. (Cf. COUSSEMAKER. *Art harmon. XIIe-XIIIe s.*, pp. 213-214).

NISARD (Théodore). *Le plus ancien de nos opéras-comiques,*

dans la *Revue de musique ancienne et moderne* [1], t. I (oct. 1856), pp. 593-611, avec quelques mélodies tirées du ms. 25566.

PARIS (Paulin), dans l'*Hist. litt. France*, t. XX, pp. 668-672.

PETIT DE JULLEVILLE. *Répertoire...*, pp. 324-325 (Représentation de « *Robin et Marion* », en 1392, à Angers).

REICHEL (Georg). *Zur Datierung von Adam de la Hale's Singspiel « Li Gieus de Robin et de Marion »*, dans *Archiv neu. Sprach. u. Lit.*, 1893, t. 91, pp. 256-263.

ROYER. *Hist. univ. théât.*, t. I, pp. 144-149.

SCHLETTERER (H. M.). *Vorgeschichte und erste Versuche der französischen Oper* [2]. — Berlin, R. Damköhler, 1885. In-8°, pp. 18-23. (*Studien zur Geschichte der französischen Musik*. III.)

T. D. F. *Maid Marian: Robin Hood Ballads*, in *Gentleman's Magazine* [3], mai 1837, pp. 493 et 494, note de l'éditeur. (Cf. Randle COTGRAVE. *A Dictionarie of the french and english tongues*, compiled by Randle Cotgrave. Whereunto is also annexed a most copious *dictionarie of the english set before the french* by. R. S. L. [Robert SHERWOOD, Londoner]. — London, Adam Islip, 1632, 2 part. en 1 vol. in-fol°. Voir les articles: *Chanson de Robin, Lutin, Marion, Robin.*)

TIERSOT (Julien). *Sur le « Jeu de Robin et de Marion » d'Adam de la Halle (XIIIe siècle)*. — Paris, Fischbacher, 1897. In-8°.

WILMOTTE. *Et. crit.*, pp. 113-116.

WITKOWSKI. *Les Médecins au théâtre*, pp. 414-415.

(1) Rennes, H. Vatar. In-8°.

(2) [*Origines de l'opéra français.*]

(3) By Sylvanus Urban, Gent. - London, William Pickering; John Bowyer Nichols and son. In-8°.

§ II

Le *JEU DU PÈLERIN*.

Par un artésien anonyme. Prologue dramatique au « *JEU DE ROBIN ET DE MARION* ». Petite comédie de mœurs, farce jouée à Arras en 1290. — 133 vers.

Manuscrits.

ALBI. Bibl. Municipale. Mss. Rochegude. n° 8, p. 72 (col. 1, tout au bas, à col. 3). D'après le ms. 25566 de Paris. (Sur ce ms. d'Albi, voir supra, pp. 69-70.)

PARIS. Bibl. Nat., fonds franç., n° 25566.
Ff. 37 v° *a* : « *Li ius du pelerin* » — 39 r° *a*.
(Sur ce ms., voir : 1° supra, pp. 70-71. — 2° DE BURE. *Catal. La Vallière*, 1re partie, t. II, pp. 226 et 228, n° 2736.)

Editions.

COUSSEMAKER (1872)	MONMERQUÉ et MICHEL (1839)
DOUHET (1854)	RAMBEAU (1886)
MONMERQUÉ (1822)	LANGLOIS (1924)

MONMERQUÉ. « *Li Gieus de Robin et de Marion* », par *Adam de le Hale*, précédé du « *Jeu du Pèlerin* », pp. 21-30. (*Observ. prélim.*, pp. 5-6 et 8-9).

MONMERQUÉ et MICHEL. *Théât. franç. moy. âge*, pp. 97-101.

DOUHET. *Dict. Myst.*, col. 1431-1437.

COUSSEMAKER. *Œuv. compl. Adam de la Halle*, pp. 413-420.

RAMBEAU... *Adam de la Hale zugeschriebenen Dramen: « li Jus du Pelerin »*..., pp. 12-15.

LANGLOIS. *Adam le Bossu... Le « Jeu de Robin et Marion »*, suivi du « *Jeu du Pèlerin* »..., pp. 69-75.

Ces six éditions, d'après le ms. 25566.

Traductions.

MONMERQUÉ et MICHEL. *Théât. franç. moy. âge*, pp. 97-101. } trad. en prose du ms. 25566.
DOUHET. *Dict. Myst.*, col. 1432-1438. }

Bibliographie.

AMBROS. *Gesch. Musik*, t. II, p. 323.

BAHLSEN. *Adam de la Hale's Dramen und das « Jus du pelerin »*, pp. 164-181.

CLÉDAT. *Œuv. dram. Adam de la Halle*, dans la *Rev. philol. franç. et provenç.*, 1895, t. IX, p. 268.

COUSSEMAKER. *Œuv. compl. Adam de la Halle*, introd., pp. LII-LIV.

DAUNOU. *Discours...*, pp. 363-364, et dans l'*Hist. litt. France*, t. XVI, p. 213.

DINAUX. *Trouvères... I. Trouvères cambrésiens*, pp. 57 et 58.

DUVAL. *Discours...*, dans l'*Hist. litt. France*, t. XVI, pp. 277-278.

GUY. *Essai sur... Adan de le Hale*, pp. 158-162, 176 et 186-188.

HÉRICOURT et GODIN. *Les Rues d'Arras*, t. I, p. 266.

HERRIG et BURGUY. *Orig. et prem. dévelop. lang. et litt. franç.*, dans *Archiv neu. Sprach. u. Lit.*, 1856, t. 19, p. 289.

JACOBSEN. *Coméd. France m. â.*, dans la *Rev. philol. franç. et litt.*, t. XXIV (1910), pp. 89-91.

LANGLOIS (Ernest).

1°) *Introduction* à la 1re éd. du « *Jeu de Robin et Marion* » (Fontemoing, 1896), pp. 23-25, et à la 2e éd. (Champion, 1924), pp. V-VI.

2°) *Interpolations du « Jeu de Robin et Marion »*, dans *Romania*, t. XXIV (juillet 1895), pp. 443-446.

MAGNIN (Charles), [Sur le « *Théâtre français au moyen âge* », de MONMERQUÉ et MICHEL.] dans le *Journ. Sav.*, oct. 1846, pp. 633-634.

MONMERQUÉ, p. 30 du *Théât. franç. moy. âge.*

PARIS (Gaston).

1°) *Litt. franç. moy. âge,* § 133, p. 212.

2°) [Sur « *Les Origines de la poésie lyrique en France au moyen âge* », d'Alfred JEANROY.] dans le *Journ. Sav.*, mars 1892, pp. 155-156.

PARIS (Paulin). *Adam de la Halle,* dans l'*Hist. litt. France,* t. XX, pp. 667-669.

PETIT DE JULLEVILLE. *Répertoire...,* pp. 23-24.

ROYER. *Hist. univ. théât.,* t. I, pp. 149-150.

TIVIER. *Hist. litt. dram.,* pp. 133-134.

§ III

Le *JEU DU GARÇON ET DE L'AVEUGLE*.

La plus ancienne de nos farces. Dialecte de la Flandre française. Jouée à Tournai vers 1275. Auteur inconnu.

Manuscrit.

PARIS. Bibl. Nat., fonds franç., n° 24366 (ancien fonds Notre-Dame, n° 275), pp. 242 *b*. — 245 *b*. = Jeu « *du garçon et de laveule* » (1), à la suite du *Roman d'Alexandre-le-Grand*, par Lambert Li-cors ou le Court et Alexandre de Bernay, surnommé « de Paris », et de la *Vengeance de la mort d'Alexandre*, par Gui de Cambrai.

Ms. d'origine picarde. Fin du XIIIe s. Parch., 245 pp. à 2 col., 265 sur 220 mm. Page 245 et dernière, quelques vers très difficiles à lire à cause de l'usure du parchemin.

Éditions.

MEYER (1865)	ROQUES (1921)

MEYER (Paul). *Du Garçon et de l'Aveugle, saynète du XIIIe siècle*, dans *Jahrbuch für romanische und englische Literatur* (2), t. VI, fasc. 2 (1865), pp. 163-172.

270 vers, avec une notice et des notes critiques et explicatives. Paul Meyer suit exactement l'ordre du ms. (Voir, à la Bibliothèque Gaston Paris (3), un exemplaire du *Jahrbuch*, en marge duquel Gaston Paris a inscrit quelques corrections.)

(1) *Explicit* du manuscrit.

(2) Herausgegeben von Dr Ludwig LEMCKE. — Leipzig, F. A. Brockhaus. In-8°.

(3) A la Sorbonne, Ecole des Hautes-Etudes.

ROQUES (Mario). *Le Garçon et l'Aveugle, jeu du XIIIe siècle*, édité par Mario Roques. — 2e éd., revue. Paris, Edouard Champion, 1921. In-8°. (1re éd., 1912.)
(*Les Classiques français du moyen âge*, n° 5*.)
265 vers, avec une introduction, des notes critiques et un glossaire. Dans cette édition, les vers 104-106 du ms. ont été reportés à 116-118.

Bibliographie.

BÉDIER (Joseph). *Les commencemens du théâtre comique en France*, dans la *R. D. M.*, 15 juin 1890, 3e période, t. 99, pp. 869-871.

CHARDON (Henri). *Farce de l'Aveugle et de son varlet tort, composée par maistre François Briand, maistre des Escolles de Saint-Benoist, en la cité du Mans, faisant partie de quatre histoires par personnaiges sur quatre évangilles de l'Advent, à jouer par les petis enfans les quatre dimenches de l'Advent de ce présent an mil cinq cens et douze*, publiée par Henri Chardon. — Paris, H. Champion, 1903. In-8°, pp. 9-10.
(Extrait de la *Province du Maine*, mai et juin 1903.)

COHEN (Gustave). *La scène de l'aveugle et de son valet dans le théâtre français du moyen âge*, dans *Romania*, juillet 1912, t. XLI, pp. 346-372 (notamment pp. 346-348, 349, 366-372).

CREIZENACH. *Gesch. neu. Dram.*, t. I, pp. 397-398 et 405.

FARAL (Edmond).
1°) *Jongleurs...*, pp. 250 et 251.
2°) *Mimes...*, avant-propos, p. XIV.

FOULCHÉ-DELBOSC (R.). *Remarques sur « Lazarille de Tormes »*, dans la *Revue Hispanique*, 1900, t. VII, pp. 87-88. Avec (entre les pp. 94 et 95) sept illustrations tirées d'un manuscrit [1] de Londres et représentant des scènes d'aveugle et de valet.

GRÖBER. *Grundriss roman. Philol.*, t. II, 1re partie, B, p. 981.

(1) Cf. J. J. JUSSERAND. *Illustrations for Lazarillo de Tormes*, dans *The Athenaeum*, 29 déc. 1888 (tome « July to december », p. 883).

LINTILHAC. *Hist. gén. théât. France*, t. II, pp. 92-96.

PARIS (Gaston). *Litt. franç. moy. âge*, § 134, p. 214.

PETIT DE JULLEVILLE. *Répertoire...*, pp. 24-25.

SEPET. *Orig. cathol. théât. mod.*, 3e partie, ch. III : *La plus ancienne farce*, pp. 425-434 et 439.

SNEYDERS DE VOGEL (K.), dans *Neophilologus*, tome III (1917-1918), page 9 (art. « Une *Passion* du XIVe siècle »).

SUCHIER et BIRCH-HIRSCHFELD. *Gesch. franz. Lit.*, p. 280.

WARD (A.-W.) et WALLER (A.-R.). *The Cambridge History of english literature*. Vol. V : *The Drama to* 1642. — Cambridge, University Press, 1910. In-8°, p. 25.

WILMOTTE (Maurice). *Les Passions allemandes du Rhin dans leur rapport avec l'ancien théâtre français*, dans les *Mémoires couronnés et mémoires publiés par l'Académie Royale des sciences, des lettres et des beaux-arts de Belgique*. Collection in-8°. Tome LV (déc. 1896-fév. 1898), fasc. 10 et dernier, pp. 105-106. — Bruxelles, Hayez, 1898.

§ IV

Le *JEU DE PIERRE DE LA BROSSE* (1).

Moralité politique, composée et jouée vers 1280. — 278 vers. Auteur inconnu.

(1) Sur Pierre de la Brosse, voir, à la Bibl. Nat. de Paris, les mss. du fonds français :

1°) n° 1553 (anc. 7595). Fol. 253 v° *a.* et *b.* (chiffré CCLIII) : « *De pière de labroche.* »
(Sur ce ms., voir supra, pp. 34-35.)

2°) n° 2608 (anc. 8302) : *Croniques de France selon ce qu'elles sont co[n]posees en l'eglise S. Denis en Fra[n]ce* (fol. 1 r° *a.*), *lesquelles com[m]encent au commencement du royaume de France et finissent au Roy Charles VI* (verso du 1er feuillet de garde). Fol. 544 v°, on lit : « *Ce liure est a tres haulte et tres noble princesse madame anne de france duchesse de bourbonnois et d'auuergne.* »
Ff. 357 r° *b.* — 361 v° *a.* (sur *Pierre de la Brosse*).
xve s. Vélin, miniatures, vignette, lettres ornées, 544 ff., 350 sur 265 mm.

3°) n° 15619 (ancien fonds Saint-Germain français n° 1047) : *Mélanges historiques. Ministres et favoris.* § 2 : *Recueil de ceux qui ont esté en plus grande considera[ti]on et faveur près de nos Royx et ont eu la principalle administra[ti]on de leurs affaires, ensemble les charges, dignités et gratifica[ti]ons qu'ils en ont receues, depuis le regne du Roy Robert jusques à celluy du Roy Henry IVe.*
Ff. 12-24 (sur *Pierre de la Brosse*). Sans nom d'auteur.
xviie s. Papier. 136 ff., 370 sur 225 mm.
Ce passage a été reproduit par Jubinal, pp. 56-76 de son édit. du « *Jeu de Pierre de la Brosse* ».

Voir également les ouvrages suivants :

Anselme de Sainte-Marie (Pierre de Guibours, en religion le P.), *Histoire genealogique et chronologique de la maison royale de France, des pairs, grands officiers de la Couronne, de la Maison du Roy et des anciens barons du royaume*... par le P. Anselme... continuée par M. Du Fourny. 3e éd. revue... par les soins du P. Ange et du P. Simplicien... — Paris, par la Cie des libraires, 1726-1733, 9 vol. in-fol°. Tome VIII, p. 440 A-B.

Manuscrits.

PARIS.

1°. Bibl. Nationale, fonds franç., n° 837, ff. 138 r° *a.* (incomplet au début) — 139 r° *b.*

BELLEFOREST (François de). *Les grandes Annales et histoire generale de France, des la venue des Francs en Gaule, jusques au regne du Roy très-Chrestien Henry III...* — Paris, Gabriel Buon, 1579, 2 vol. in-fol°. Tome I, ff. 719 v° — 720 r° et 724 r° — 727 v°.

COMBAULT D'AUTEUIL (Charles de). *Histoire des Ministres d'Estat qui ont servi sous les Roys de France de la troisiesme lignee. Avec le sommaire des regnes ausquels ils ont vescu. Le tout justifié par les chroniques des auteurs contemporains, chartes d'églises... et autres bonnes preuves.* — Paris, Augustin Courbé, 1642. In-fol°, pp. 459-460, 468-471 (et notes 23-27, pp. 490-492).

DANIEL (Le P. Gabriel). *Histoire de France depuis l'établissement de la monarchie françoise dans les Gaules,* par le père G. Daniel... Nouvelle édition, augmentée de notes, de dissertations critiques et historiques, de l'*Histoire du regne de Louis XIII,* et d'un *Journal de celui de Louis XIV...* — Paris, Libraires associés, 1755-1757, 17 vol. in-4°, cartes, pl. Tome IV, pp. 644-653 (spécialement pp. 644-647 et 651-653).

DE VAUX (Jean). *Index funereus chirurgorum Parisiensium, ab anno* 1315 *ad annum* 1714, operâ M. J. D. V. — Trivoltii et Parisiis, apud Stephanum Ganeau, 1714. In-12, pp. 2-3.

DREUX DU RADIER (J. Fr.). *Mémoires historiques, critiques et anecdoctes des reines et régentes de France.*

1°) Nouvelle édition... augmentée par Dreux du Radier. — Amsterdam, Michel Rey, 1776, 6 vol. in-8°. Tome III, pp. 121-136 (art. *Marie de Brabant,* pp. 118-138).

2°) (Edition avec le nom de l'auteur). — Paris, impr. de Mame frères, 1808, 6 vol. in-8°. Tome III, pp. 36-48 (art. *Marie de Brabant,* pp. 33-50).

DU CASTRE D'AUVIGNY (Jean). *Les vies des hommes illustres de la France, depuis le commencement de la Monarchie jusqu'à present.* — Amsterdam ; Paris, Le Gras, 1739-1768, 26 vol. in-12. Tome I, pp. 130-135. (Cf. LELONG, *Bibl. Hist. France,* t. III, p. 198, n° 32327).

DUPUY (Pierre). *Histoire des plus illustres favoris anciens et modernes,* recueillie par feu Monsieur P. D. P. DUPUY, avec un *Journal de ce qui s'est passé à la mort du mareschal d'Ancre* [par Michel de MARILLAC]. — Leyde, Jean Elsevier, 1659. In-4°, pp. 73-76. (Cf. LELONG, *Bibl. Hist. France,* t. II, p. 160, n° 16912 et t. III, p. 198, n° 32326).

G. [AULLE] (J. de). *Documents inédits sur l'accusation portée contre Pierre de la Brosse, chambellan de Philippe-le-Hardi, et contre Pierre de*

A la fin : « *Explicit de pierre de la broche q[ui] despute à fortune p[ar] deuant reson.* »
(Sur ce ms., voir supra. p. 18.)

II/. Bibl. de l'Arsenal, n° 2763, ff. 419-428.
Copie du ms. 837 ci-dessus.

Editions.

DOUHET (1854)	MONMERQUÉ et MICHEL
JUBINAL (1835)	(1839)

JUBINAL (Achille). *La Complainte* [1] *et le Jeu de Pierre de La Broce, chambellan de Philippe-le-Hardi, qui fut pendu le* 30 *juin* 1278. publiés pour la première fois par Achille Jubinal, d'après le manuscrit unique de la Bibliothèque du Roi. — Paris, Techener, 1835. In-8°, pp. 29-38.

Beneis, évêque de Bayeux, dans le *Bulletin de la Société de l'Histoire de France*, année 1884, pp. 87-100.

LANGLOIS (Ch.-V.). *Le Règne de Philippe III le Hardi.* — Paris, Hachette, 1887. In-8°, pp. 13 et suiv., 101 (note 1), 108 et Appendice I, pp. 386 § 1, 387 § 6, 388 §§ 13 et 17, 389 § 23, 391 § 32, 392 § 39, 394 §§ 45 et 51, 397 §§ 64 et 66, 399 § 76.

SALABERRY (Comte de). *Pierre de la Brosse*, dans la *Biogr. Univ.* (Michaud), t. V, pp. 612-613.

VELLY (Paul-François). *Histoire de France, depuis l'établissement de la monarchie jusqu'au règne de Louis XIV*, par l'abbé VELLY [continuée par Claude VILLARET et achevée par Jean-Jacques GARNIER.] .— Paris, Saillant et Nyon, 1770-1786, 15 vol. in-4°. Tome III, pp. 369-373. [En réalité, cet ouvrage se termine à l'année 1564, au règne de Charles IX.]

VINCENT. *Pierre de La Brosse, chambellan de Philippe-le-Hardi. En quoi ce personnage ou sa famille se rattache à l'Orléanais en général, et particulièrement à Janville en Beauce*, dans les *Mémoires de la Société Archéologique de l'Orléanais* (Orléans, Gatineau, et Paris, Derache. In-8°), 1853, tome II, pp. 460-477.

(1) La *Complainte* se trouve dans le ms. 837, ff. 244 v° *b*. — 246 r° *a*.
Au début : « *de pierre de la broce.* »
A la fin : « *Explicit de pierre de la broche.* »
Elle est reproduite dans le ms. 2765 de la Bibl. de l'Arsenal, ff. 221 à 224 v°.

MONMERQUÉ et MICHEL. *Théât. franç. m. â.*, pp. 209-215.
Texte du *Jeu* avec traduction en prose. (*Notice* par Francisque MICHEL, pp. 208-209.)

DOUHET. *Dict. Myst.*, col. 1335-1344.
Texte du *Jeu* avec trad. en prose.

Bibliographie sur le *JEU*.

AUBERTIN. *Hist. lang. et litt. franç. m. â.*, t. I, p. 612.

BERGER. *Framställning af det franska Medeltidsdramats Utvecklingsgång...*, pp. 68 et 80-81.

BOYSSE, dans la *Rev. Contemp.*, 31 déc. 1869, 2e série, t. 72, p. 657.

JUBINAL. *Œuv. compl. Rutebeuf...* Nouv. édit. (1874), t. I, p. 98 note 1.

LE CLERC (Victor), dans l'*Hist. litt. France*, t. XIX, pp. 407-408; t. XXI, p. 763 et t. XXIII, pp. 465-468.

LEGRAND D'AUSSY. *Fabliaux ou Contes* (3e éd., Renouard), t. II, pp. 201-202.

LINTILHAC. *Hist. gén. théât. France*, t. II, pp. 96-99 et 110.

MAGNIN (Charles), dans le *Journ. Sav.*, janv. 1846, p. 7.

SEPET. *Orig. cathol. théât. mod.* — 3e partie, ch. I: *Les Moralités. Le Jeu de Pierre de la Broce*, pp. 375-397, et plus particulièrement pp. 382-390 et 394.

SUCHIER et BIRCH-HIRSCHFELD. *Gesch. franz. Lit.*, pp. 280 et 296.

TIVIER. *Hist. litt. dram. France*, pp. 189-191.

p. 242 b.

p. 243

p. 244

p. 245

LE JEU DU GARÇON ET DE L'AVEUGLE
Fin du XIIIe siècle (vers 1277)

Paris, Bibl. Nat., Mss. fonds franç.
n. 24366, pp. 242 b — 245 b, (original réduit)

CHAPITRE IV

XIVe SIÈCLE

§ I

MAÎTRE TRUBERT ET ANTROIGNART		
Les *QUATRE OFFICES DE L'HÔTEL DU ROI*	}	d'Eustache DESCHAMPS
GETA		

§ II

GRISÉLIDIS.

Bibliographie générale.

BOYSSE. *La Comédie au collège*, dans la *Rev. Contemp.*, 31 déc. 1869, 2e série, t. 72, p. 658.

LE CLERC (Victor). *Discours sur l'état des lettres en France au XIVe siècle*, dans l'*Hist. litt. France*, t. XXIV, pp. 1-602 [pp. 452-455: « *Spectacles* »].

PETIT DE JULLEVILLE. *Le Théâtre en France*, pp. 16-17.

RENAN (Ernest). *Discours sur l'état des beaux-arts en France au XIVe siècle*, dans l'*Hist. litt. France*, t. XXIV, pp. 603-757 [pp. 753-756: « *Fêtes, jeux de scènes, etc.,...* »].

§ I

MAÎTRE TRUBERT ET ANTROIGNART Les *QUATRE OFFICES DE L'HÔTEL DU ROI* *GETA*	d'Eustache DESCHAMPS. Né à Vertus, en Champagne, vers 1346; mort vers 1410.

Ces trois pièces se trouvent dans le manuscrit 840 (anc. 7219) du fonds français de la Bibliothèque Nationale de Paris: « *Les Poésies d'Eustache des Champs, dit Morel* ». Début du XVe siècle. Vélin, 582 ff. (chiffrés ainsi: v^{C}. iiij^{XX}. ij), 325 sur 265 mm. (Sur ce ms. 840, voir:)

CRAPELET. *Description du manuscrit de la Bibliothèque du Roi qui contient les poésies d'Eustache Deschamps*, pp. LVII-LXVI, en tête des *Poésies morales et historiques d'E. D.*

PARIS (Paulin). *Mss. franç. Bibl. Roi,* t. VI, pp. 419-437.

RAYNAUD (Gaston). *Eustache Deschamps...*, pp. 101-105.

Ce ms. 840 (anc. 7219) a été entièrement copié pour La Curne de Sainte-Palaye [1] et cette copie, avec additions et corrections de sa main, est à la Bibliothèque de l'Arsenal, n°s 3291-3293 (85 B. F) : « *Copie complette des Poësies d'Eustache des Champs, dit Morel. Ms. du Roy n° 7219.* » XVIIIe siècle. Papier, 3 vol., 370 sur 250 mm. (Voir: CRAPELET, pp. LXVI-LXVII, en tête des *Poés. mor. et hist. d'E. D.*)

MAÎTRE TRUBERT ET ANTROIGNART.

Farce (628 vers). Fin du XIVe siècle.

(1) Sur La Curne de Sainte-Palaye, voir supra p. 71, note 1.

Manuscrits.

PARIS.

I/. Bibl. Nationale, fonds franç., n° 840, ff. 372 r° *a.* — 376 v° *a.* (ainsi chiffrés : xviij^{XX}. xij et xviij^{XX} xvj).

Titre: « *Co[m]ment un ho[m]me tro[u]va un aut[re] en son jardin, cueillant une amende, et co[m]m[en]t il le fist mett[re] en prison, et du jugem[en]t qui en fut faist.* »

II/. Bibl. de l'Arsenal, n° 3292, ff. 399-408 (numérot. de mai 1884).

Edition.

QUEUX DE SAINT-HILAIRE et RAYNAUD. *Œuv. compl. Eust. Deschamps,* t. VII, pp. 155-174.

Les *QUATRE OFFICES DE L'HÔTEL DU ROI.*

Farce (188 vers). Date: 1392.

Manuscrits.

PARIS.

I/. Bibl. Nationale, fonds français, n° 840, ff. 376 v° *a.* — 380 v° *a* (chiffrés : xviij^{XX} xvj et xix^{XX}).

Début: « *Cy commence un beau dit des IIII offices de l'ostel du Roy, c'est ass[avoir] Panneterie, Eschançonnerie, Cuisine et Sausserie, à jouer par personnaiges.* »

II/. Bibl. de l'Arsenal, n° 3292, ff. 408-416 (numérot. de mai 1884).

Edition.

QUEUX DE SAINT-HILAIRE et RAYNAUD. *Œuv. compl. Eust. Deschamps,* t. VII, pp. 175-192.

GETA.

Traduction fidèle en vers français des vers latins de l'élégie dramatique: *GETA,* que VITAL DE BLOIS avait lui-même imitée de l'*AMPHITRYO* de PLAUTE. — 1106 vers octosyllabiques. Date: 1421.

Manuscrits.

PARIS.

I/. Bibl. Nationale, fonds franç., n° 840, ff. 455 r° *a*. — 463 r° *b*. (chiffrés: iiii^{C}. lv et iiii^{C}. lxiii).

Titre : « *Un traitté de Getta et d'Amphitrion, mis de latin en françois.* »

(Sur cette traduction, voir : Carl von REINHARDSTOETTNER. *Plautus-Spätere Bearbeitungen plautinischer Lutspiele. Ein Beitrag zur vergleichenden Litteraturgeschichte.* — Leipzig, Wilhelm Friedrich, 1886. In-8° [Die klassischen Schriftsteller des Altertums in ihrem Einflusse auf die späteren Litteraturen. I], pp. 129-131.)

II/. Bibl. de l'Arsenal, n° 3293, ff. 123-139 v° (numérot. de mai 1884).

Éditions.

QUEUX DE SAINT-HILAIRE (Mis de). *Le Traicté de Getta et d'Amphitrion...*

QUEUX DE SAINT-HILAIRE et RAYNAUD. *Œuv. compl. Eust. Deschamps*, t. VIII, pp. 211-146.

Bibliographie générale sur Eustache DESCHAMPS.

AUST (Rudolf). *Beiträge zur französischen Laut- und Formenlehre nach den Dichtungen des Guillaume de Machault, Eustache Deschamps und der Christine de Pisan.* I. *Der Vocalismus* (1). — Breslau, Anton Schreiber (1890). In-8°.

BODE (Heinrich). *Syntaktische Studien zu Eustache Deschamps* (2). — Leipzig-Reudnitz, August Hoffmann, 1900. In-8°.

BRUNET (Gustave). *Eustache Deschamps*, dit *Morel*, dans la *Nouv. biogr. gén.* (Didot), t. XIII, col. 782-784.

CRAPELET (G. A.). *Précis historique et littéraire* [*sur Eustache Deschamps*]..., en tête de son édition des *Poés. mor. et hist. E. D.*

(1) [*Phonétique et flexion du français d'après Guillaume de Machault, Eustache Deschamps et Christine de Pisan.* I. *Vocalisme.*]

(2) [*Etude de la syntaxe chez Eustache Deschamps.*]

FEHSE (Erich). *Sprichwort und Sentenz bei Eustache Deschamps und Dichtern seiner Zeit* (1). — Erlangen, Junge und Sohn (1905). In-8°.

GRÖBER. *Grundriss roman. Philol.*, t. II, 1re partie, B, pp. 1056-1066 (notamment pp. 1062, 1063 et 1065).

HOEPFFNER. *Eustache Deschamps...*

LINTILHAC. *Hist. gén. théât. France*, t. II, pp. 99-105.

PARIS (Paulin). *Mss. franç. Bibl. Roi*, t. VI, pp. 436-437.

PETIT DE JULLEVILLE.

1°) *La Comédie...*, pp. 39-43.

2°) *Hist. lang. et litt. franç.*, t. II, pp. 348-356.

3°) *Répertoire...*, pp. 19 et 25-29.

PIAGET (Arthur). *Eustache Deschamps*, dans la *Grande Encyclopédie*, t. XIV, pp. 223-224.

PINON (F.). *Eustache Deschamps, poète champenois du XIVe siècle*, dans les *Séances et travaux de l'Académie de Reims*, 1846-1847, t. VI, pp. 259-271, 365-386 et 423-445.

RAYNAUD (Gaston). *Eustache Deschamps...*

SARRADIN (A.). *Et. E. d. C.* — Ch. XIX, pp. 276-291 : *Des Champs, poète comique.*

SUCHIER et BIRCH-HIRSCHFELD. *Gesch. franz. Lit.*, pp. 236, 239-241, 249 et 259.

TARBÉ. *Recherches sur la vie et les ouvrages d'Eustache Deschamps*, pp. V-XLI, en tête des *Œuv. inéd. E. D.*

VILLENAVE (M. G. T.). *Eustache Morel*, dit *Deschamps*, dans la *Biogr. Univ.* (Michaud), t. XXIX, pp. 271-272.

Bibliographie particulière à *MAÎTRE TRUBERT ET ANTROIGNART*.

CREIZENACH. *Gesch. neu. Dram.*, t. I, p. 399.

DELACHENAL (Roland). *De l'avocat dans la littérature du moyen âge*, dans *Histoire des avocats au Parlement de Paris* (1300-1600). — Paris, E. Plon-Nourrit et Cie, 1885. In-8°. Ch. XVI, pp. 299-334. [pp. 312-315: Lettre d'Eustache Deschamps sur « *l'Estat d'avocation* ».]

(1) [*Le proverbe et la sentence chez Eustache Deschamps et les poètes de son temps.*]

Duval (Amaury). *Roman de Trubert, par Douins de Lavesne,* dans l'*Hist. litt. France,* t. XIX, pp. 734-747.

Faral. *Jongleurs...,* pp. 243-244.

Hoepffner. *E. D.,* p. 219.

Jacobsen. *Coméd. Franç. m. â.,* dans la *Rev. philol. franç. et litt.,* t. XXIII, p. 89 note 1.

Lanson. *Hist. Litt. franç.,* p. 201, note 2 et *Hist. ill. Litt. franç.,* t. I, p. 152, note 1.

Lintilhac. *Hist. gén. théât. France,* t. II, pp. 102-105.

Petit de Julleville.

1°) *La Comédie...,* pp. 41-42.

2°) *Répertoire...,* pp. 25-27.

Raynaud. *E. D.,* pp. 134 (n° 1359), 293-294 : *les Avocats,* et 320.

Sarradin. *Et. E. d. C.,* pp. 285-291.

Suchier et Birch-Hirschfeld. *Gesch. franz. Lit.,* p. 283.

Bibliographie particulière aux

QUATRE OFFICES DE L'HÔTEL DU ROI.

Crapelet. *Préc. hist. et litt.,* pp. xxxvi-xxxix.

Hoepffner. *E. D.,* p. 231.

Lanson. *Hist. Litt. franç.,* p. 201 et *Hist. ill. Litt. franç.,* t. I, pp. 151-152.

Lintilhac. *Hist. gén. théât. France,* t. II, pp. 100-102 et 110.

Petit de Julleville.

1°) *La Comédie...,* p. 41.

2°) *Répertoire...,* pp. 27-28.

Raynaud. *E. D.,* pp. 66, 134 (n° 1360), 212, 284 et 315.

Sarradin. *Et. E. d. C.,* pp. 280-284.

Suchier et Birch-Hirschfeld. *Gesch. franz. Lit.,* pp. 283 et 296.

Tarbé. *Recherches...,* p. xxxvii.

Bibliographie particulière à *GETA.*

Hoepffner. *E. D.,* p. 232.

Le Clerc (Victor), dans l'*Hist. litt. France,* t. XXII, pp. 46-48.

Lintilhac. *Hist. gén. théât. France,* t. II, p. 105.

Raynaud. *E. D.,* pp. 135 (n° 1494) et 144-145.

Sarradin. *Et. E. d. C.,* pp. 276-280.

§ II

GRISÉLIDIS.

Pièce en dehors des formules du théâtre sacré et du théâtre comique. XIVe siècle. Moralité pathétique en 2608 vers. Jouée en 1395 par les clercs de la Basoche devant le roi Charles VI (1).

Manuscrits.

PARIS. Bibl. Nat., fonds franç., n° 2203 (anc. 7999³, Cangé 74).
Fol. 1 r° : « *Cí comence lestoire de griseldis la marquise de saluce et de sa merueilleuse co[n]stance et est appelle le miroir des dames mariees.* »
Fol. 56 r° : « *Cy fine le liure de listoire de la marq|ui|se de saluce miz par personnages et rigme lan mil. ccc. iiij^xx et quinze.* »
Fin du XIVe s. (1395). Vélin, 56 ff., 208 sur 140 mm. Dessins à la plume.

Éditions.

BONFONS (1548-1550?)	GLOMEAU (1923)
GAILLY DE TAURINES et DE LA TOURRASSE (1910)	GROENEVELD (1888)
	PINARD (1832)

(1) Voir:

CHÉNIER. *Lec. anc. fabl. franç.*, t. IV, p. 126 des *Œuv. de M.-J. Chénier...*

MAGNIN (Ch.). dans le *Journ. Sav.*, janv. 1856, p. 45.

MOUHY [Charles de FIEUX, chevalier de]. *Journal (Chronologique) du Théâtre François*. Ms. du XVIIIe s., n° 9229 fonds franç. de la Bibliothèque Nationale de Paris, p. 38. année 1395.

PETIT DE JULLEVILLE. *Mystères...*, t. II, pp. 6-7.

VILLEMAIN (Abel-François). *Cours de littérature française*. Nouvelle édition, revue et corrigée. — Paris, Didier et Cie, 1865, 6 vol. in-12. Tome II: *Tableau de la littérature au moyen âge en France, en Italie, en Espagne et en Angleterre*, p. 230.

BONFONS (Jean). *Le mystere de Griselidis, marquis de Saluses par personnaiges.* Nouuellement imprime a Paris... On les vend a Paris en la rue neufue nostre Dame a lenseigne sainct Nicolas par Jehan Bonfons.
(A la fin, fol. 20 v°:) *Cy finist la vie de Griselidis* / Nouuellement Imprimee a Paris pour Jehan Bonfons demourant en la rue neufue nostre Dame a lenseigne sainct Nicolas.
(Sans date [vers 1548-1550].). In-4° goth., 20 ff. non chiffr. à 2 col., signat. A-E.

On ne connaît qu'un seul exemplaire de cette édition, celui conservé à la Bibliothèque Nationale de Paris, sous la cote: RÉS. YF. 124.
(Voir BRUNET, *Man. libr.*, t. III, col. 1968-1969 et 1983-1984 [marque de Jehan Bonfons].).

Dans cette édition, le texte de ce manuscrit est mutilé. Manquent les vers: 410, 902, 927, 1019, 1234, 1272-1273, 1371, 1413, 1519, 1982, 2072, 2137-2171, 2252, 2277-2278, 2376, 2385 et 2562.

Les vers 73-109 du ms., commençant:

En oyseaulx et en chiens chassans
La Riuiere li fu plaisans...

et finissant:

Que beau gibier trouuer nous face
Ou auoir puissions beau deduict...

ont été mis dans l'édition Bonfons après le vers 141 du manuscrit:

Si verrez tantost bel deduict.

PINARD (A.). Réimpression (copie figurée) de l'éd. Bonfons. — Paris, Silvestre, 1832. Pet. in-4° goth., tiré à 42 exemplaires seulement.

GROENEVELD (Hinderk). *Die älteste Bearbeitung der Griseldissage in Frankreich* (1), herausgegeben von Hinderk Groeneveld, dans *Ausg. u. Abhandl. Geb. roman. Philol.* (E. STENGEL), t. LXXIX (Marburg, N.-G. Elwert, 1888. In-8°), pp. 1-44.

(1) [*La première rédaction de l'histoire de Grisélidis en France.*]

Edition donnée d'après le ms. original, avec variantes de l'éd. Bonfons.

(Cf. Alfred RISOP, dans *Archiv* HERRIG, t. 83 (1889), pp. 466-471.)

GAILLY DE TAURINES (Ch.) et LA TOURRASSE (Léonel de). *L'Estoire de Griseldis, mistere par personnages* (1395). Restauré par Ch. Gailly de Taurines et Léonel de La Tourrasse. — Paris, Hachette, 1910. In-16.

GLOMEAU (Marie-Anne). *Le Mystère de Griselidis*. Edition du manuscrit unique avec notes et glossaire par M.-A. Glomeau; 37 illustrations et lettres ornées adaptées du manuscrit original par G. Ripart. — Paris, Maurice Glomeau, 1923. In-8°. (Compte-rendu par Arthur LÅNGFORS, dans *Romania*, janv. 1924, tome L, pp. 130-133.)

LEGRAND D'AUSSY, dans ses *Fabliaux ou Contes* (3° éd., Renouard), t. II, appendice pp. 17-18, reproduit 44 vers (2452 à 2495), commençant:

O Griseldis, assés souffist,
Ta brave foy et loyauté...

et finissant:

Quant fille ester nostre maistresse
Qu'onques enfant n'ot meilleur mere.

« *Lestoire de griseldis* » a encore inspiré d'autres auteurs. Ainsi:

I/ En Allemagne.

HALM (Friedrich [Eligius Freiherr von MÜNCH-BELLINGHAUSEN].). *Griseldis*, dramatisches Gedicht in 5 Akten. — Wien, C. Gerold, 1837. In-16. [Traduit en français (prose) par M. MILLENET: *Griseldis*, poème dramatique en 5 actes,... — Paris, L. Curmer, 1840. In-16.]. (Voir: WESTENHOLZ, pp. 129-163.)

STEINHÖWEL (Heinrich). *Griseldis*.

a) Augspurg, Gunth. Zainer, 1471. In-folio de 9 ff.

b) Augspurg, J. Bämler, 1472. In-fol° de 10 ff.

c) (Sans nom de ville [Strasbourg].), 1478. In-fol° de 12 ff., avec fig. sur bois.

(Voir: EBERT Friedrich-Adolf. *Allgemeines bibliogra-*

phisches Lexikon. — Leipzig, F. A. Brockaus, 1821-1830, 2 vol. in-4°. Tome II, col. 367, nos 16467-16469.)

II/ En Angleterre.

CHETTLE (Henry), DEKKER (Thomas) et HAUGHTON (William). *The pleasant comodie of patient Grissill. As it hath beene sundrie times lately plaid by the right honorable the Earle of Nottingham (Lord high Admirall) his seruants.* — London, imprinted for Henry Rocket and are to be solde at the long Shop vnder S. Mildreds Church in the Poultry, 1603. In-8°. (Voir: WESTENHOLZ, pp. 86-116, et l'*Introduction* [*Einleitung*] de HÜBSCH, pp. VII-XXXIV, à l'édition qui suit.)

Réimprimé sous le titre suivant: *The pleasant comodie of patient Grissill, von Henry Chettle, Thomas Dekker und William Haughton.* Nach dem Drucke von 1603, herausgegeben von Gottlieb HÜBSCH. — Erlangen, Fr. Junge, 1893. In-8°. *Einleitung*, pp. VII-XXXIV. (*Erlanger Beiträge zur englischen Philologie und vergleichenden Litteraturgeschichte*, herausgegeben von Hermann Varnhagen, t. XV). [Dans cette réédition, HÜBSCH démontre que la pièce anglaise n'a rien à voir avec la pièce française, mais qu'elle repose sur la comédie allemande de STEINHÖWEL (1471).]

III/ En France.

De nos jours, le même sujet a été porté à la scène par: SILVESTRE (Armand) et MORAND (Eugène).

1°) *Grisélidis.* Mystère en 3 actes, un prologue et un épilogue en vers libres. — Paris, Ernest Kolb, 1891. In-8°.

Représenté pour la première fois, à Paris, sur la scène de la Comédie-Française, le 15 mai 1891.

2°) *Grisélidis.* Conte lyrique en trois actes et un prologue. Poème d'Armand Silvestre et Eugène Morand, d'après le mystère représenté à la Comédie-Française. Musique de Massenet. — Paris, P. V. Stock, 1901. Pet. in-8°.

Représenté pour la première fois, à Paris, sur le théâtre de l'Opéra-Comique, le 13 novembre 1901.

MACEDO PAPANÇA [Conde de MONSARAZ]. *Griselia.* Traducção livre em verso de *Grisélidis.* — Lisboa, M. Gomes, 1892. In-16.

Traduction libre en vers portugais du Mystère joué à la Comédie-Française.

(Sur ces trois éditions, voir: SCHUSTER. *Griselidis,* pp. 88-134.)

Bibliographie.

Bibliothèque du théâtre françois depuis son origine, contenant un extrait de tous les ouvrages composés pour ce théâtre, depuis les Mystères jusqu'aux pièces de Pierre Corneille, une liste chronologique de celles composées depuis cette dernière époque jusqu'à présent, avec deux tables alphabétiques, l'une des auteurs et l'autre des pièces. [Par le duc de LA VALLIÈRE, ou plutôt par L.-F.-C. Marin, Jean Capperonnier, l'abbé P.-J. Bouchot et B. Mercier.] — Dresde, Michel Groell, 1768, 3 vol. in-8°. Tome I, pp. 1-12.

CHÉNIER. *Leç. anc. fabl. franç.,* t. IV, pp. 123-127 des *Œuv. de M.-J. Chénier.*

CREIZENACH. *Gesch. neu. Dram.,* t. I, pp. 362-365.

GLOMEAU. *Préface,* pp. I-XXII de son édit. de *Grisélidis.*

GROENEVELD. *Einleitung* [*Introduction.*], pp. V-XXXXIII de son édit. de *Grisélidis.*

KÖHLER (Reinhold). *Griselda Griseldis,* dans *Allgemeine Encyclopädie der Wissenschaften und Künste...* von Johann Samuel ERSCH und Johann Gottlieb GRÜBER. — — Iste Section : *A-G.* Herausgegeben von Ersch-Grüber, M.H. Meier und Hermann Brockhaus. — Leipzig, J. F. Gleditsch (F. A. Brockhaus), 1818-1882, 99 parties en 56 vol. in-4°. Tome 91 (1871), pp. 413-421 [**419**].

LANSON. *Hist. Litt. franç.,* p. 202 et *Hist. ill. Litt. franç.,* t. I, p. 152.

LASERSTEIN (Käte). *Der Griseldisstoff in der Weltliteratur...* — Weimar, A. Duncker, 1926. In-8°. (Forschungen zur neueren Literaturgeschichte. LVIII.)

LEGRAND D'AUSSY. *Fabliaux ou Contes* (3e éd., Renouard), t. II, entre les pp. 296 et 297, gravure.

LENIENT. *La Satire...*, pp. 76-77.

LINTILHAC. *Hist. gén. théât. France*, t. I, pp. 277-296, 303 et 334.

MÉRAY. *La Vie au temps des trouvères*, p. 178.

MÜLLER (Ludwig). *Das Rondel in den französischen Mirakelspielen und Mysterien des XV. und XVI. Jahrhunderts* (1), dans *Ausg. u. Abhandl. Geb. roman. Philol.* (E. STENGEL), t. XXIV (1884), pp. 24-25.

PARFAICT. *Hist. Théât. franç.*, t. II, pp. 295-298.

PETIT DE JULLEVILLE. *Mystères...*, t. I, pp. 180-184 [analyse] et t. II, pp. 342-344.

SCHUSTER (Richard). *Griselidis in der französischen Literatur.* — Tübingen, J.-J. Heckenhauer, 1909. In-8°, pp. 13-14.

SUCHIER et BIRCH-HIRSCHFELD. *Gesch. franz. Lit.*, pp. 282-283.

WESTENHOLZ (Friedrich von). *Die Griseldis-Sage in der Literaturgeschichte.* — Heidelberg, Karl Groos, 1888. In-8°, p. 83. (Voir: W. v. BIEDERMANN, dans *Zeitschrift für vergleichende Litteraturgeschichte und Renaissance-Litteratur*, herausgegeben von Dr Max Koch und Dr Ludwig Geiger. Neue Folge [Nouvelle série.], tome II (1889), pp. 111-114.)

WIDMANN (Gustav). *Griseldis in der deutschen Literatur des XIX. Jahrhunderts. Ein Beitrag zur Behandlung eines mittelalterlichen Stoffs in der neuesten Zeit*, dans *Euphorion* (2), t. XIII (1906), pp. 1-47, 537-556 et t. XIV (1907), pp. 101-134 : *Dramatische Bearbeitungen.*

WILMOTTE. *Et. crit.*, pp. 114-116 et 117, note 1.

WITKOWSKI. *Les Médecins au théâtre...*, p. 74.

WURZBACH (Wolfgang von). *Zur dramatischen Behandlung der Griseldissage*, dans *Euphorion*, t. IV (1897), pp. 447-457 [**449**].

(1) [*Le rondeau dans les miracles et mystères français des XVe et XVIe s.*]

(2) Zeitschrift für Literaturgeschichte, herausgegeben von August SAUER. — Leipzig und Wien, Carl Fromme. Gr. in-8°.

LISTE

DES

OUVRAGES CITÉS PLUSIEURS FOIS

AMBROS (August-Wilhelm). *Geschichte der Musik.* — Leipzig, F. E. C. Leuckart, 3e éd., 1887-1893, 5 vol. in-8°.

Anzeiger für Kunde der teutschen Vorzeit, herausgegeben von F. J. MONE.

Archiv für das Studium der neueren Sprachen und Literaturen, herausgegeben von Ludwig HERRIG. — Braunschweig, George Westermann. In-8°.

AUBERTIN (Charles). *Histoire de la langue et de la littérature française au moyen âge.* — 2e éd., Paris, Eugène Belin, 1883, 2 vol. in-8°. (1re éd., ibid., 1876-1878.)

Ausgaben und Abhandlungen aus dem Gebiete der romanischen Philologie. Veröffentlicht von E. STENGEL (1). — Marburg, N. G. Elwert. In-8°.

BAHLSEN (C.-W. Leopold). *Adam de la Hale's Dramen und das « Jus du Pelerin ».* — Marburg, N. G. Elwert, 1885. In-8°. (*Ausg. u. Abhandl. Geb. roman. Philol.,* Heft XXVII.)

BARBAZAN (Etienne) et MÉON (D. M.). Edit. des *Fabliaux et contes des poëtes françois des XI, XII, XIII, XIV et XVe siècles, tirés des meilleurs auteurs;* publiés par BARBAZAN. Nouvelle édition, augmentée et revue sur les manuscrits de la Bibliothèque Impériale par MÉON,... — Paris, B. Warée, 1808, 4 vol. in-8°.
(1re éd. — Paris et Amsterdam, 1756, 3 vol. in-12.)

BARTSCH (Karl) et HORNING (Adolf).

1°) *Chrestomathie de l'ancien français (VIII-XVe siècles),* accompagnée d'une *Grammaire* et d'un *Glossaire,* par Karl BARTSCH. — 6e édit., revue et corrigée par A. HORNING. Leipzig, F. C. W. Vogel, 1895. In-8°.

2°) *La Langue et la littérature françaises depuis le IXe siècle jusqu'au XIVe siècle.* (*Textes* et *Glossaire* par Karl BARTSCH, précédés d'une *Grammaire de l'ancien français* par Adolf HORNING). — Paris, Maisonneuve et Ch. Leclerc, 1887. In-8°.

(1) [*Bibliothèque d'éditions et de mémoires relatifs à la philologie romane,* publiée par E. STENGEL.]

BÉDIER (Joseph). *Les Fabliaux. Etudes de littérature populaire et d'histoire littéraire du moyen âge.* — Paris, Emile Bouillon, 2e éd. 1895. In-8°. (Bibliothèque de l'Ecole des Hautes-Etudes. — Sciences philologiques et historiques, tome XCVIII.)

BÉDIER (Joseph) et HAZARD (Paul). *Histoire de la Littérature française illustrée*, publiée sous la direction de J. Bédier et P. Hazard. — Paris, Larousse, 1923. 2 vol. in-4°.

BENOISTON DE CHATEAUNEUF (L. Fr.). *Essai sur la poésie et les poètes français aux XIIe, XIIIe et XIVe siècles.* — Paris, l'auteur, 1815. In-8°.

BERGER (L.-P.). *Framställning af det Franska Medeltidsdramats Utvecklingsgång från äldsta tider till år* 1402 (1). — Stockholm, Ivar Haeggströms Boktryckeri, 1875. In-8°.

Bibliothèque de l'Ecole des Chartes. Revue d'érudition consacrée principalement à l'étude du moyen âge. — Paris, Alphonse Picard. In-8°.

Biographie Universelle (MICHAUD), *ancienne et moderne*, ou *Histoire, par ordre alphabétique, de la vie politique et privée de tous les hommes qui se sont fait remarquer par leurs écrits, leurs actions, leurs talents, leurs vertus ou leurs crimes.* — Nouvelle édition, revue, corrigée et considérablement augmentée d'articles omis ou nouveaux. Ouvrage rédigé par une société de gens de lettres et de savants. Paris, Mme C. Desplaces, 1842-1865, 45 vol. gr. in-8°. — (1re éd., 1811-1828, 52 vol. in-8°.)

BOYSSE (Ernest). *La Comédie au collège*, dans la *Revue Contemporaine*, 31 déc. 1869, 2e série, tome 72, pp. 656-659.

BRUCE-WHYTE (A.). *Histoire des langues romanes et de leur littérature depuis leur origine jusqu'au XIVe siècle.* — Paris, Treuttel et Wurtz, 1841, 3 vol. in-8°.

BRUNET (Jacques-Charles). *Manuel du libraire et de l'amateur de livres*, contenant: 1°) un nouveau *Dictionnaire bibliographique*... 2°) une *Table* en forme de catalogue raisonné... 5e édition originale, entièrement refondue et

(1) [*Exposé de l'évolution du drame français du moyen âge, des origines à* 1402.]

augmentée d'un tiers par l'auteur. — Paris, Firmin-Didot, 1860-1865, 6 vol. in-8°.
(1re éd. — Paris, Brunet, 1810, 3 vol. in-8°.)
Supplément, par P. DESCHAMPS et Gustave BRUNET, contenant: 1°) un complément du *Dictionnaire bibliographique* de J. Ch. Brunet. — 2°) La table raisonnée des articles (de ce suppl^t.). — Paris, Firmin-Didot, 1878-1880, 2 vol. in-8°.

Catalogue des livres de la bibliothèque de feu M. le duc de La Vallière.
1°) Première partie contenant les *manuscrits*, les *premières éditions*... les *livres rares*... les *livres d'estampes*, etc., par Guillaume DE BURE, fils aîné. — Paris, G. de Bure fils aîné, 1783, 4 vol. in-8° (dont 1 de Supplément).
2°) Seconde partie, disposée par Jean-Luc NYON l'Aîné, contenant les *livres ordinaires*. — A Paris, chez Nyon l'Aîné et fils, 1784 (ou nouveau titre: 1788), 6 vol. in-8°.

Catalogue général des Manuscrits français de la Bibliothèque Nationale (par Henri OMONT, avec la collaboration de C. COUDERC, L. AUVRAY, Ch. de LA RONCIÈRE).

Catalogue général des Manuscrits des Bibliothèques publiques de France. — Départements.
1°) Ancienne série, in-4°. — Paris, Impr. Nat., 1849-1885, 7 vol.
2°) Nouvelle série, in-8°. — Paris, E. Plon-Nourrit, 1886-1924, 47 vol.

CHÉNIER (Marie-Joseph). *Leçon sur les anciens fabliaux français* (à l'Athénée de Paris), tome IV, pp. 88-127 des *Œuvres de M.-J. Chénier*..., précédées d'une *Notice sur Chénier* par M. ARNAULT, revues, corrigées et mises en ordre par D. Ch. ROBERT... [et M. LEPEINTRE]. — Paris, Guillaume, 1823-1826, 5 vol. in-8°.

Classiques (Les) français du moyen âge, publiés sous la direction de Mario ROQUES. Collection de textes français et provençaux antérieurs à 1500.

CLÉDAT (Léon).
1°) *Œuvres dramatiques d'Adam de la Halle*. Analyses et extraits traduits, dans la *Revue de philologie française et provençale*, 1895, t. IX, pp. 241-268.

2°) *La Poésie lyrique et satirique en France au moyen âge.* — Paris, Lecène, Oudin et Cie, 1893. In-8°.

3°) *Rutebeuf.* — Paris, Hachette. 1891. In-16. (Collection « *Les Grands Ecrivains français* ».)

COUSSEMAKER (Charles-Edmond-Henri).

1°) *L'Art harmonique aux XIIe et XIIIe siècles.* — Paris. A. Durand, 1865. In-4°.

2°) *Œuvres complètes du trouvère Adam de la Halle* (poésies et musique), publiées, sous les auspices de la Société des sciences, des lettres et des arts de Lille, par E. de Coussemaker. — Paris, A. Durand et Pedone-Lauriel. 1872. Gr. in-8°. (Cf. *Journ. Sav.*, sept. 1872. pp. 597-598.)

CRAPELET (Georges-Adrien).

1°) *Poésies morales et historiques d'Eustache Deschamps, écuyer, huissier d'armes des rois Charles V et Charles VI, châtelain de Fismes et bailli de Senlis,* publiées pour la première fois d'après le manuscrit de la Bibliothèque du Roi, avec un *Précis historique et littéraire sur l'auteur,* par G.-A. Crapelet. — Paris, impr. de Crapelet, 1832. Gr. in-8°. (Cf. RAYNOUARD, dans le *Journ. Sav.*, mars 1832. pp. 155-163).

2°) *Précis historique et littéraire sur Eustache Deschamps, poète du XIVe siècle* (1), avec une *Addition.* — Paris. impr. de Crapelet, 1832. Gr. in-8°.

3°) *Proverbes et dictons populaires,* avec les *Dits du Mercier et des Marchands,* et les *Crieries de Paris aux XIIIe et XIVe siècles,* publiés d'après les manuscrits de la Bibliothèque du Roi, par G. A. Crapelet... — Paris, impr. de Crapelet, 1831. Gr. in-8°. (Collection des *Anciens monuments de l'Histoire et de la Langue françoise,* publiée par G.-A. Crapelet, n° 8.)

CREIZENACH (Wilhelm). *Geschichte des neueren Dramas* (2). *Register* von Dr. Paul OTTO. — Halle a. S.. Max Niemeyer. 1893-1894, 4 vol. in-8°. Tome I: *Mittelalter und Frührenaissance* (2).

(1) Paru, moins l'*Addition,* en tête des *Poésies morales et historiques d'Eustache Deschamps.*

(2) [*Histoire du théâtre moderne.*] Tome I: [*Moyen âge et Renaissance primitive.*]

CRÉPET (Eugène). *Les Poètes français. Recueil des chefs-d'œuvre de la poésie française depuis les origines jusqu'à nos jours.* — Paris, Gide, 1861-1863. 4 vol. in-4°.

DAUNOU (Pierre-Claude-François). *Discours sur l'état des lettres en France au XIIIe siècle.* Précédé d'une *Notice sur l'auteur* par Benjamin GUÉRARD. (Avec une *Préface* de L.-Am. SÉDILLOT). — Paris, E. Ducrocq, 1860. In-8°. Le *Discours...* se trouve également dans l'*Histoire littéraire de la France*, t. XVI, pp. 1-254.

DE BURE. Voir à *Catalogue... La Vallière.*

DES GRANGES (Charles-Marc). *De scenico soliloquio* (gallice : *monologue dramatique*) *in nostro medii aevi theatro.* — Parisiis, apud Aemilium Bouillon, 1897. In-8°.

DINAUX (Arthur). *Trouvères, jongleurs et ménestrels du Nord de la France et du Midi de la Belgique.*

Tome I : *Trouvères cambrésiens.* — 3e édit. Paris, J.-A. Merckleín. 1837. In-8°. (1re éd., 1833.)

Tome II : *Trouvères de la Flandre et du Tournaisis.* — Paris. Techener, 1839. In-8°.

Tome III : *Trouvères artésiens.* — Paris, Techener, 1843. In-8°.

Tome IV : *Trouvères brabançons, hainuyers, liégeois et namurois.* — Bruxelles, Heussner, et Paris, Techener, 1863. In-8°.

DOUHET (Comte Jules de). *Dictionnaire des Mystères...* ou *Collection générale des mystères, moralités, rites figurés et cérémonies singulières, ayant un caractère public et un but religieux et moral, et joués sous le patronage des personnes ecclésiastiques ou par l'entremise des confréries religieuses,* suivi d'une *Notice sur le théâtre libre, complétant l'ensemble des représentations théâtrales depuis les premiers siècles de l'ère chrétienne jusqu'aux temps modernes.* — Petit-Montrouge, J.-P. Migne, 1854. Gr. in-8°. (*Nouvelle Encyclopédie théologique*, publiée par l'abbé MIGNE. T. 43.)

DU CANGE (Charles Dufresne, sieur). *Glossarium mediae et infimae latinitatis*, conditum a Carolo Dufresne, domino Du Cange, auctum a monachis ordinis S. Benedicti [D. D. Toustain, Le Pelletier, Dantine et Carpentier], cum supplementis integris D. P. Carpenterii, et additamentis Adelungii et aliorum, digessit G. A. L. HENSCHEL. — Parisiis, exc. F. Didot fratres, 1840-1850, 7 vol. in-4°. Editio nova aucta pluribus verbis aliorum scriptorum a Leopoldo FAVRE... — Niort, L. Favre, 1883-1887, 10 vol. in-4°.

(1re éd. — Lutetiae Parisiorum, typis G. Martini, prostat apud L. Billaine, 1678, 3 vol. in-fol°.)

DU MÉRIL (Edélestand).

Origines latines du théâtre moderne [*Theatri liturgici quae latina superstant monumenta* edita recensuit, inedita vulgavit, adnotationibus illustravit Edélestand Du Méril.]. — Paris, Franck, 1849, In-8°. Puis : Leipzig-Paris, H. Welter, 1897, In-8°. (Collection de reproduction en fac-similé et de réimpressions d'ouvrages rares du XIXe siècle], n° III.)

DU ROURE (Mis). *Analectabiblion, ou Extraits critiques de divers livres rares, oubliés ou peu connus, tirés du cabinet du Mis D. R.****. — Paris, Techener, 1836-1837, 2 vol. in-8°.

DUVAL (Amaury). *Discours sur l'état des beaux-arts en France au XIIIe siècle*, dans *l'Histoire littéraire de la France*, t. XVI, pp. 276-280 : *Jeux scéniques*.

DU VERDIER. *Biblioth. franç.* (voir à LA CROIX DU MAINE).

Etudes romanes dédiées à Gaston Paris, le 29 déc. 1890, par ses élèves français et ses élèves étrangers des pays de langue française. — Paris, Emile Bouillon, 1891, In-8°. (Cf. compte-rendu par Gaston PARIS, dans *Romania*, t. XXII, 1893, pp. 134-163).

FALLOT (Gustave). *Recherches sur les formes grammaticales de la langue française et de ses dialectes au XIIIe siècle*, par Gustave Fallot, publiées par Paul ACKERMANN et précédées d'une *Notice sur l'auteur* par M. B. GUÉRARD... — Paris, Impr. royale, 1839, In-8°.

FARAL (Edmond).

1°) *Les Jongleurs en France au moyen âge.* — Paris, Honoré Champion, 1910, In-8°. (Bibliothèque de l'Ecole des Hautes-Etudes. — Sciences historiques et philologiques, fasc. 187.)

(Cf. A. GUESNON. *Publications récentes sur les trouvères et les troubadours...* — Paris, Champion, 1910. In-8°, pp. 1-14 [Extrait du *Moyen Age*, 2e série, tome XIV, mars-avril 1910].).

2°) *Mimes français du XIIIe siècle. Contribution à l'histoire du théâtre comique au moyen âge.* — Paris, H. Champion, 1910. In-8°.

FAUCHET (Claude). *Recueil de l'origine de la langue et poésie françoise, ryme et romans; plus les noms et sommaire des œuvres de CXXVII poètes françois, vivans avant l'an MCCC.* — Paris, Mamert Patisson, 1581. In-4°. (Voir aussi supra, p. 85.)

FOURNEL (Victor). *Tableau du vieux Paris. Les spectacles populaires et les artistes des rues.* — Paris, E. Dentu, 1863. In-12.

Franco-Gallia. Kritisches Organ für französische Sprache und Litteratur, herausgegeben von D^r. Adolf KRESSNER [in Cassel]. — Wolfenbüttel, Julius Zwissler. In-8°, puis in-4°.

FRANKLIN (Alfred). *Les rues et les cris de Paris au XIIIe siècle, pièces historiques publiées d'après les manuscrits de la Bibliothèque Nationale* et précédées d'une *Etude sur les rues de Paris au XIIIe siècle.* — Paris, Léon Willem et Paul Daffis, 1874. In-16.

(Collection de documents rares ou inédits relatifs à l'histoire de Paris.)

GASSIES DES BRÛLIES (G.). *Anthologie du Théâtre Français du Moyen Age. Théâtre comique: jeux, farces des XIIIe, XVe et XVIe siècles*, arrangés en français moderne. — Paris, Delagrave, 1925. In-16. (Collection *Pallas*.)

Grande Encyclopédie (La). Inventaire raisonné des sciences, des lettres et des arts, par une Société de savants et de gens de lettres. — Paris, H. Lamirault et Cie, et Sté anonyme de la « Grande Encyclopédie », 1885-1901, 31 vol. in-4°.

GRÄSSE (J. G. Theodor). *Trésor des livres rares et précieux, ou Nouveau dictionnaire bibliographique...* — Dresde, Rudolf Kuntze, 1859-1869, 7 tomes en 8 vol. in-4°.

GRÖBER (Gustav). *Grundriss der romanischen Philologie* (1)... herausgegeben von Dr. Gustav Gröber. — Strassburg, Karl J. Trübner, 1888-1893, 3 vol. in-4°.

Tome II, 1re partie : *Romanische Litteraturgeschichte.*

A/ *Übersicht über die lateinische Litteratur von der Mitte des 6. Jahrhunderts bis* 1350.

B/ *Die Litteraturen der romanischen Völker. — Französische Litteratur.*

GUY (Henry). *Essai sur la vie et les œuvres littéraires du trouvère Adan de le Hale.* — Paris, Hachette, 1898. In-8°. (Cf. 1° Pierre BRUN, dans la *Rev. Hist. litt. France*, 15 avril 1899, tome VI, pp. 317-319. — 2°) *, dans la *Rev. lang. roman.*, janv.-fév. 1899, p. 170).

HAGEN (Hermann). *Catalogus codicum Bernensium* [*Bibliotheca Bongarsiana.*]. Edidit et praefatus est Hermannus Hagen... — Bernae, typ. B. F. Haller, 1875. Gr. in-8°.

HAIN (Ludwig). *Repertorium bibliographicum, in quo libri omnes ab arte typographica inventa usque ad annum MD typis expressi, ordine alphabetico vel simpliciter enumerantur vel adcuratius recensentur.* Opera Ludovici Hain. —Stuttgartiae, sumtibus J. G. Cottae; et Lutetiae Parisiorum, Jul. Renouard, 1826-1838. 4 tomes en 3 vol. in-8°.

HÉRICOURT (Achmet d') et GODIN (Alexandre). *Les Rues d'Arras. Dictionnaire historique...* précédé d'un *Résumé de l'histoire d'Arras.* — Arras, Alphonse Brissy, 1856. 2 vol. in-8°.

HERRIG (Ludwig) et BURGUY (J. F.). *Origines et premiers développements de la langue et de la littérature françaises*, dans *Archiv neu. Sprach. u. Lit.*, 1856, tome 19.

Histoire littéraire de la France. Ouvrage commencé par des religieux Bénédictins de la Congrégation de Saint-Maur [Dom Rivet, Dom Taillandier et Dom Clémencet.]. — Paris, 1733-1763, 12 vol. in-4°. — et continué par des membres de l'Institut (Académie des Inscriptions et Belles-Lettres). — Paris, 1814-1921. 24 vol. in-4°.

HOEPFFNER (Ernst). *Eustache Deschamps. Leben und Werke.* — Strassburg, K. J. Trübner, 1904. In-8°.

(1) [*Eléments de philologie romane.*]

HOLTROP (Joh. Guil.). *Catalogus librorum saeculo XV impressorum, quotquot in bibliotheca regia Hagana asservantur.* — Hagae-Comitum, Martinus Nijhoff, 1856. In-8°.

IMBERT (Barthélemy). *Choix de fabliaux mis en vers.* — Genève; et Paris, Prault, 1788. 2 vol. pet. in-12.

JACOBSEN (J. P.). *La Comédie en France au moyen âge*, dans la *Rev. philol. franç. et litt.*, t. XXIII (1909), pp. 1-22, 81-160, 161-196 et t. XXIV (1910), pp. 1-17, 81-97.

Journal général de l'Instruction publique et des cours scientifiques et littéraires. — Paris. In-4°.

Journal des Savants. — Paris. In-4°. (Sur la carrière de cette publication, de 1665 à 1902, consulter l'article de Gaston PARIS, paru dans le *Journ. Sav.*, janvier 1903, pp. 1-34.)

JUBINAL (Achille).

1°) *Jongleurs et trouvères, ou Choix de saluts, épîtres, rêveries et autres pièces légères des XIIIe et XIVe siècles*; publié pour la première fois par Achille Jubinal, d'après les manuscrits de la Bibliothèque du Roi. — Paris, J. Albert Merklein, 1835. In-8°.

2°) *Lettre au directeur de « l'Artiste », touchant le ms. de la bibliothèque de Berne, n° 354, perdu pendant vingt-huit ans, suivie de quelques pièces inédites du XIIIe siècle relatives à divers métiers du moyen âge et tirées de ce ms.* — Paris, Edouard Pannier, 1838. In-8°.

3°) *Œuvres complètes de Rutebeuf, trouvère du XIIIe siècle*, recueillies et mises au jour pour la première fois par Achille Jubinal. — Nouvelle édition, revue, corrigée. — Paris, Paul Daffis, 1874-1875. 3 vol. in-16. (Cf. Paul MEYER, dans *Romania*, t. III, 1874, p. 401.)

(1re édition, Paris, Edouard Pannier, 1839. 2 vol. in-8°.)
(Sur cette première édition, voir :)

CHABAILLE (P.), dans le *Journ. Sav.*, janv. et mai 1839, pp. 41-53 et 276-288.

L. (Ch.), dans la *Revue de Paris*, mai 1839, 3e série, t. 5, pp. 266-270.

MONNARD (C.), *La Satire en France au XIIIe siècle et Rutebeuf*, dans la *Bibliothèque Universelle de Genève*, nov. 1842, nouv. série, t. 42, pp. 21-45.

KELLER (Heinrich Adelbert von). *Romvart. Beiträge zur Kunde mittelalterlicher Dichtung aus Italienischen Bibliotheken.* — Mannheim, Friedrich Bassermann, et Paris, Jules Renouard et Cie, 1844. In-8°.

KLEIN (J.-L.). *Geschichte des Drama's.* — Leipzig, T. O. Weigel, 1865-1876, 13 vol. in-8°.
Tome III. *Das aussereuropaïsche Drama und die latein. Schauspiele nach Christus bis Ende des X. Jahrhunderts* [*Le drame en dehors de l'Europe et le théâtre latin depuis le Christ jusqu'à la fin du Xe s.*]. Tome IV. *Das italienische Drama* [*Le drame en Italie.*].

KRESSNER (Adolf). *Rustebuef's Gedichte, nach den Handschriften der Pariser National-Bibliothek,* herausgegeben von Dr. Adolf Kressner. — Wolfenbüttel, Julius Zwissler, 1885. In-8°. (Cf. *Romania*, t. XV, 1886, p. 477).

LA CROIX DU MAINE et DU VERDIER, sieur de Vauprivas. *Bibliothèques Françoises.* — Nouvelle édition... revue, corrigée et augmentée d'un *Discours sur le progrès des lettres en France,* et de *Remarques historiques, critiques et littéraires* de M. de la MONNOYE et de M. le président BOUHIER... de M. FALCONET... par M. RIGOLEY DE JUVIGNY. Paris, Saillant et Nyon, 1772-1773, 6 vol. in-4° [2 volumes (tomes I et II) pour LA CROIX DU MAINE — 3 volumes (tomes III, IV et V) pour DU VERDIER — 1 vol. (tome VI) contenant : *Supplementum Epitomes bibliothecae Gesnerianae,* Antonio VERDERIO... collectore,...].
(1re éd. pour LA CROIX DU MAINE : Paris, Abel l'Angelier, 1584. In-fol°. — pour DU VERDIER : Lyon, B. Honorat, 1585. In-fol°.)

LANGLOIS (Ernest).
1°) *Adam le Bossu, trouvère artésien du XIIIe siècle. Le « Jeu de la Feuillée »,* édité par Ernest Langlois. — 2e éd., revue. Paris, Honoré Champion, 1911.
[Avec une *Introduction,* l'indication des *Variantes,* des *Notes,* un *Index des noms propres* et un *Glossaire.*]
(*Les Classiques français du moyen âge,* publiés sous la direction de Mario ROQUES, n° 6*.)
2°) *Le Jeu de Robin et Marion, par Adam le Bossu, trouvère artésien du XIIIe siècle,* publié par Ernest Langlois.

— Paris, Albert Fontemoing, 1896. In-12. [Avec une *Préface*, une *Introduction*, l'explication des *Jeux de scène*, un *Commentaire* et la *Musique*.]

3°) *Adam le Bossu, trouvère artésien du XIIIe siècle. Le « Jeu de Robin et Marion »*, suivi du *« Jeu du Pèlerin »*, édité par Ernest Langlois. — Paris, Edouard Champion, 1924. In-8°.

[Avec une *Introduction*, l'indication des *Variantes*, des *Notes*: 3 appendices : 1°) *Li Jus du Pelerin*. — 2°) vers interpolés entre 698 et 699. — 3°) vers interpolés entre 723 et 724: un *Index des noms propres* et un *Glossaire*.] (*Les Classiques français du moyen âge*, publiés sous la direction de Mario ROQUES, n° 36.)

LANSON (Gustave).

1°) *Histoire de la littérature française*. — 17e éd., revue, corrigée et complétée. Paris, Hachette, 1922. In-16.

2°) *Histoire illustrée de la Littérature française*. — Paris et Londres, Hachette, 1923. 2 vol. in-4°.

LA RUE (Abbé Gervais de). *Essais historiques sur les Bardes, les Jongleurs et les trouvères normands et anglo-normands*... — Caen, Mancel, 1834. 3 vol. in-8°.

LAVOIX (Henry), fils. *La Musique française*. — Paris, Librairies-Imprimeries réunies, 1891. Pet. in-8°.
(*Bibliothèque de l'Enseignement des Beaux-Arts*, publiée sous la direction de Jules COMTE.)

LEGRAND D'AUSSY. *Fabliaux ou Contes, fables et romans du XIIe et du XIIIe siècle*, traduits ou extraits par Legrand d'Aussy. — 3e édition, considérablement augmentée. Paris, Jules Renouard, 1829, 5 vol. in-8°).
(1re éd. — Paris, Eugène Onfroy, 1779-1781, 4 vol. in-8°.)

LENIENT (Charles). *La Satire en France au moyen âge*. — Paris, Hachette, 4e éd., 1893. In-16.

LINTILHAC (Eugène). *Histoire générale du Théâtre en France*. — Paris, Ernest Flammarion, 1904-1911, 5 vol. in-16. Tome II: *La Comédie. Moyen Age et Renaissance*.

MENDEL (Hermann). *Musikalisches Conversations-Lexikon. Eine Encyklopädie der gesammten musikalischen Wissenschaften*... bearbeitet und herausgegeben von Hermann Mendel... fortgesetgt von Dr August REISSMANN. — Berlin,

L. Heimann puis R. Oppenheim. 1870-1879. 11 vol. in-8°. *Ergänzungsband*. 1883.

MÉON (D. M.). *Nouveau recueil de fabliaux et contes inédits des poètes français des XIIe, XIIIe, XIVe et XVe siècles*. — Paris, Chasseriau. 1823. 2 vol. in-8°.

MÉRAY (Antony). *La Vie au temps des trouvères. Croyances, usages et mœurs intimes des XIe, XIIe et XIIIe siècles d'après les lais, chroniques, dits et fabliaux*. — Paris et Lyon. A. Claudin. 1873. In-8°.

MONE (Franz-Joseph). Voir à: *Anzeiger für Kunde der teutschen Vorzeit*.

MONMERQUÉ (L.-J.-N.) et MICHEL (Francisque). *Théâtre français au moyen âge publié d'après les manuscrits de la Bibliothèque du Roi (XIe-XIVe siècles)*. — Paris. H. Delloye et Firmin-Didot frères. 1839. Gr. in-8°. (*Panthéon littéraire*.)

MONTAIGLON (Anatole de) et RAYNAUD (Gaston). *Recueil général et complet des Fabliaux des XIIIe et XIVe siècles imprimés ou inédits*. Publiés d'après les manuscrits par Anatole de Montaiglon et Gaston Raynaud. — Paris. Librairie des Bibliophiles. 1872-1890. 6 vol. in-8°.

MONTEIL (Amans Alexis). *Histoire des Français des divers états ou Histoire de France aux cinq derniers siècles*. — 3e éd.. Paris. W. Coquebert — C. L. Goutier. 1846-1847. 5 vol. in-8°.

MORTENSEN (Johan). *Medeltidsdramat i Frankrike*. — Göteborg. Wettergren et Kerber. 1899. In-16. (*Populärt vetenskapliga föreläsningar vid Göteborgs Högskola. IX*.) Cet ouvrage a été traduit du suédois par Emmanuel PHILIPOT: *Le Théâtre français au moyen âge*. — Paris. Alphonse Picard et fils. 1903. In-12.

Musikalisches Conversations-Lexikon (voir à MENDEL).

Neophilologus. driemaandeliks tijdschrift voor de wetenschappelike beoefening van levende vreemde talen en van haar letterkunde... — Groningen. J.-B. Wolters. In-8°.

Notices et extraits des manuscrits de la Bibliothèque Nationale et autres bibliothèques. publiés par l'Institut national de France. faisant suite aux *Notices et extraits lus au comité établi dans l'Académie des Inscriptions et Belles-Lettres.* — Paris, Imp. Nat. In-4°.

Nouvelle Biographie générale, depuis les temps les plus reculés jusqu'à nos jours... publiée... sous la direction du D[r]. HOEFER. — Paris, Firmin-Didot frères, 1852-1866. 46 vol. in-8°.

OMONT (Henri). *Catalogue général des Manuscrits français de la Bibliothèque Nationale.* (Avec la collaboration de C. Couderc, L. Auvray, Ch. de La Roncière).

PARFAICT (François et Claude). *Histoire du Théâtre françois, depuis son origine jusqu'à présent* [1721], avec la *Vie des plus célèbres poètes dramatiques*, un *Catalogue exact de leurs pièces* et des *Notes historiques et critiques* [anonyme]. — Paris, P. G. Le Mercier et Saillant, 1745-1749. 5 vol. in-12.

PARIS (Gaston). *La Littérature française au Moyen-Age (XIe-XIVe siècle).* — 6e éd., Paris, Hachette, 1923. In-16.

PARIS (Louis). *Le Théâtre à Reims depuis les Romains jusqu'à nos jours.* — Reims, F. Michaud, 1885. In-8°.

PARIS (Paulin). *Les Manuscrits françois de la Bibliothèque du Roi.* — Paris, Techener, 1836-1848. 7 vol. in-8°.

PETIT DE JULLEVILLE (Louis).

1°) *La Comédie et les mœurs en France au moyen âge.* — Paris, Léopold Cerf, 1886. In-16.

2°) *Les Comédiens en France au moyen âge.* — Paris, L. Cerf, 1885. In-16.

3°) *Histoire de la Langue et de la Littérature française, des Origines à 1900*, publiée sous la direction de L. PETIT DE JULLEVILLE. — Paris, Armand Colin, 1896-1899. 8 vol. gr. in-8°.

4°) *Les Mystères.* — Paris, Hachette, 1880. 2 vol. in-8°.

5°) *Répertoire du Théâtre comique en France au moyen âge.* — Paris, L. Cerf, 1886. Gr. in-8°.

6°) *Le Théâtre en France. (Histoire de la Littérature dramatique depuis ses origines jusqu'à nos jours).* — Nouv. édit., Paris, Armand Colin, 1921. Pet. in-8°.

PRÖLLS (Robert). *Geschichte des neueren Dramas.* Vol. I, 1re partie: *Rückblick auf die Entwicklung des mittelalterlichen Dramas.* — Leipzig, Bernhard Schlicke, 1880. In-8°.

QUEUX DE SAINT-HILAIRE (Marquis de). *Le Traicté de Getta et d'Amphitrion, poème dialogué du XVe siècle, traduit du latin de Vital de Blois par Eustache Deschamps*, publié pour la première fois d'après le manuscrit de la Bibliothèque de Paris, avec une *Introduction* et des *Notes*, par le marquis de Queux de Saint-Hilaire. — Paris, Librairie des bibliophiles. 1872. In-16.

(Collection du « *Cabinet du Bibliophile* » publié par D. JOUAUST, n° 12.)

QUEUX DE SAINT-HILAIRE (Marquis de) et RAYNAUD (Gaston). *Œuvres complètes de Eustache Deschamps*, publiées, d'après le manuscrit de la Bibliothèque Nationale, par le Marquis de Queux de Saint-Hilaire [continuées par Gaston Raynaud]. — Paris, Firmin-Didot et Cie. 1878-1904. 11 vol. in-8°. (*Société des anciens textes français.*)

(Sur le tome II, voir: O. KNAUER, dans *Zeitschrift für romanische Philologie*, 1881, t. V, pp. 585-589.)

RAMBEAU (Dr. A.). *Die dem Trouvere Adam de la Hale zugeschriebenen Dramen : « Li Jus du Pelerin », « li Gieus de Robin et de Marion », « li Jus Adam »* (1). Genauer Abdruck der erhaltenen Handschriften, besorgt von Dr. A. Rambeau. — Marburg, N. G. Elwert, 1886. In-8°.

RAYNAUD (Gaston). *Eustache Deschamps. Sa vie, ses œuvres, son temps. Etude historique et littéraire sur la seconde moitié du XIVe siècle*, 1346-1406. — Paris, Firmin-Didot. In-8°. (Tirage à part du tome XI et dernier des *Œuvres complètes de Eustache Deschamps.*)

Revue contemporaine.

R. D. M. = *Revue des Deux-Mondes.*

Revue d'Histoire littéraire de la France, publiée par la *Société d'Histoire littéraire de la France.* — Paris, Armand Colin. In-8°.

Revue des langues romanes.

Revue de Philologie française et de littérature. — Paris, Champion. In-8°.

Romania. Recueil trimestriel, consacré à l'étude des langues

(1) [*Œuvres dramatiques attribuées à Adam de la Hale.....*]

et des littératures romanes, fondé en 1872 par Paul MEYER et Gaston PARIS, publié par Mario ROQUES. — Paris, Honoré puis Edouard Champion. In-8°.

ROQUEFORT-FLAMÉRICOURT (B. de). *De l'état de la poésie françoise dans les XIIe et XIIIe siècles.* — Paris, Fournier, 1815. In-8°.

ROYER (Alphonse). *Histoire universelle du théâtre.* — Paris, A. Franck (tomes I-IV), 1869-1871, puis Ollendorff (tomes V-VI), 1879. 6 vol. in-8°.

SARRADIN (A.). *Etude sur Eustache des Champs.* — Versailles, Cerf et fils, 1878. In-8°. (Cf. Maurice FAUCON, dans la *Bibl. Ec. Chart.*, 1881, t. XLII, pp. 67-68).

SEPET (Marius). *Origines catholiques du théâtre moderne.* — Paris, P. Lethielleux, 1901. In-8°. 3e partie: *Les origines de la Comédie au moyen âge*, pp. 375-451.

Sitzungsberichte der Kaiserlichen Akademie der Wissenschaften, philosophisch-historische Classe. — WIEN, aus der K. K. Hof- und Staatsdruckerei. In-8°.

SUCHIER (Hermann) et BIRCH-HIRSCHFELD (Adolf). *Geschichte der französischen Litteratur, von den ältesten Zeiten bis zur Gegenwart.* — Leipzig und Wien, Bibliographisches Institut, 1900. In-4°. [compte rendu du t. I par Gaston PARIS, dans le *Journ. Sav.*, 1901, pp. 645-660, 699-717 et 779-788.]

Tabulae codicum manu scriptorum praeter graecos et orientales in bibliotheca Palatina Vindobonensi asservatorum, edidit Academia Caesarea Vindobonensis. — Vindobonae, Carl Gerold fil., 1864-1901, 10 vol. in-8°.

TARBÉ (Prosper). *Œuvres inédites d'Eustache Deschamps.* — Reims et Paris [Techener], 1849, 2 vol. in-8°. (Collection des *Poètes de Champagne antérieurs au XVIe siècle*, t. IV et V).

TIVIER (Henri). *Histoire de la littérature dramatique en France depuis ses origines jusqu'au « Cid ».* — Paris, Ernest Thorin, 1873. In-8°.

VILLENEUVE-TRANS (Marquis de). *Histoire de saint Louis, roi de France.* — Paris, Paulin, 1839, 3 vol. in-8°.

WILMOTTE (Maurice). *Etudes critiques sur la tradition littéraire en France.* — Paris, H. Champion, 1909. In-16.

WITKOWSKI (Dr. G.-J.). *Les Médecins au théâtre, de l'antiquité au dix-septième siècle.* — Paris, A. Maloine, 1905. In-16. (Bibliothèque de Curiosités et de Singularités médicales).

WRIGHT (Thomas). *The Political songs of England, from the reign of John to that of Edward II.* Edited and translated by Thomas Wright. — London, printed for the Camden society by John Bowyer Nichols and son, 1839. In-8°.

TABLE DES MANUSCRITS [1]

(1) Les manuscrits précédés d'un astérisque sont ceux dont nous avons fait une analyse détaillée.

INDEX ONOMASTIQUE

FIN

TABLE DES MATIÈRES

www.ingramcontent.com/pod-product-compliance
Lightning Source LLC
LaVergne TN
LVHW020021170826
845678LV00001B/73